Serie «Conozca su Biblia»

De Génesis a Deuteronomio

por Guillermo Ramírez-Muñoz

AUGSBURG FORTRESS

MINNEAPOLIS

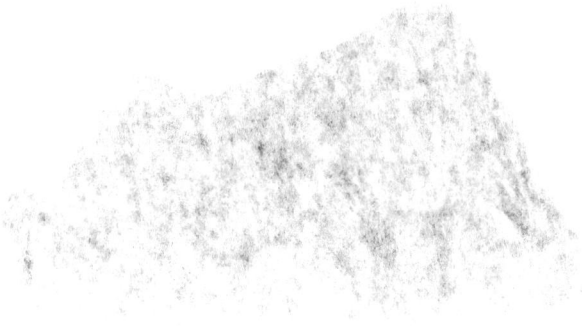

SERIE CONOZCA SU BIBLIA: De Génesis a Deuteronomio

Todos los derechos reservados © 2009 Augsburg Fortress. Con excepción de una breve cita en artículos o análisis críticos, ninguna parte de este libro puede ser reproducida en ninguna manera sin antes obtener permiso por escrito del publicador o de quienes son dueños de los derechos de reproducción.
Este volumen es parte de un proyecto conjunto entre la casa editora, la División de Ministerios Congregacionales de la Iglesia Evangélica Luterana (ELCA) y la Asociación para la Educación Teológica Hispana (AETH), Justo L. González, Editor General.
Excepto cuando se indica lo contrario, el texto bíblico ha sido tomado de la versión Reina-Valera 1995. Copyright © Sociedades Bíblicas Unidas, 1995. Usado con permiso.

Diseño de la cubierta: Diana Running; Diseño de libro y portada: Element, llc

ISBN 978-0-8066-5776-9

El papel usado en esta publicación satisface los requisitos mínimos de la organización American National Standard for Information Sciences —Permanencia del Papel para Materiales Impresos, ANSI Z329.48-1984.

Producido en Estados Unidos de América.

SERIE CONOZCA SU BIBLIA: From Genesis to Deuteronomy

Copyright © 2009 Augsburg Fortress. All rights reserved. Except for brief quotations in critical articles or reviews, no part of this book may be reproduced in any manner without prior written permission from the publisher. Visit http://www.augsburgfortress.org/copyrights/contact.asp or write to Permissions, Augsburg Fortress, Box 1209, Minneapolis, MN 55440.
This volume developed in cooperation with the Division for Congregational Ministries of the Evangelical Lutheran Church in America, which provided a financial grant, and the Asociación para la Educación Teológica Hispana, Series Editor Justo L. González.
Except when otherwise indicated, scripture quotations are taken from the Reina-Valera 1995 version. Copyright © Sociedades Bíblicas Unidas, 1995. Used by permission.

Cover design: Diana Running; Book design: Element, llc

The paper used in this publication meets the minimum requirements of American National Standard for Information Sciences—Permanence of Paper for Printed Library Materials, ANSI Z329.48-1984.

Manufactured in the U.S.A.

13   12   11   10   09   1   2   3   4   5   6   7   8   9   10

Esta serie

«¿Cómo podré entender, si alguien no me enseña?» (Hechos 8.31). Con estas palabras el etíope le expresa a Felipe una dificultad muy común entre los creyentes. Se nos dice que leamos la Biblia, que la estudiemos, que hagamos de su lectura un hábito diario. Pero se nos dice poco que pueda ayudarnos a leerla, a amarla, a comprenderla. El propósito de esta serie es responder a esa necesidad. No pretendemos decirles a nuestros lectores «lo que la Biblia dice», como si ya entonces no fuese necesario leer la Biblia misma para recibir su mensaje. Al contrario, lo que esperamos lograr es que la Biblia sea más leíble, más inteligible para el creyente típico, de modo que pueda leerla con mayor gusto, comprensión y fidelidad a su mensaje. Como el etíope, nuestro pueblo de habla hispana pide que se le enseñe, que se le explique, que se le invite a pensar y a creer. Y eso es precisamente lo que esta serie busca.

Por ello, nuestra primera advertencia, estimado lector o lectora, es que al leer esta serie tenga usted su Biblia a la mano, que la lea a la par de leer estos libros, para que su mensaje y su poder se le hagan manifiestos. No piense en modo alguno que estos libros substituyen o pretenden substituir al texto sagrado mismo. La meta no es que usted lea estos libros, sino que lea la Biblia con nueva y más profunda comprensión.

Por otra parte, la Biblia —como cualquier texto, situación o acontecimiento— se interpreta siempre dentro de un contexto. La Biblia responde a las preguntas que le hacemos, y esas preguntas dependen en buena medida de quiénes somos, cuáles son nuestras inquietudes, nuestras dificultades, nuestros sueños. Por ello, estos libros escritos en nuestra lengua, por personas que se han formado en nuestra cultura y la conocen. Gracias a Dios, durante los últimos veinte años ha surgido dentro de nuestra comunidad latina todo un cuerpo de eruditos, estudiosos de la Biblia, que no tiene nada que envidiarle a ninguna otra cultura o tradición. Tales son las personas a quienes hemos invitado a escribir para esta serie. Son personas con amplia experiencia pastoral y docente, que escriben para que se les entienda, y no para ofuscar. Son personas que a través de los años han ido descubriendo las dificultades en que algunos creyentes y estudiantes tropiezan al estudiar la Biblia —particularmente los creyentes y estudiantes latinos. Son personas que se han dedicado a buscar modos de superar esas dificultades y de facilitar el aprendizaje. Son personas que escriben, no para mostrar cuánto saben, sino para iluminar el texto sagrado y ayudarnos a todos a seguirlo.

Por tanto, este servidor, así como todos los colegas que colaboran en esta serie, le invitamos a que, junto a nosotros y desde la perspectiva latina que tenemos en común, se acerque usted a estos libros en oración, sabiendo que la oración de fe siempre recibirá respuesta.

Justo L. González
Editor General
Julio de 2005

Contenido

Esta serie   iii

Introducción al Pentateuco: de Génesis a Deuteronomio   1

1. **Génesis**   25

2. **Éxodo**   45

3. **Levítico**   67

4. **Números**   87

5. **Deuteronomio**   101

Bibliografía selecta   122

Agradecimiento

Es un privilegio poder contribuir a la serie *Conozca su Biblia*. Es un gran reto y honor compartir y exponer las Escrituras a nuestra comunidad hispana, caribeña y latina. Le agradezco a Justo L. González por su paciencia y motivación para que entregara el trabajo en el tiempo que me facilitó.

Dedicatoria

A mi querida esposa Alicia, con quien comienzo a vivir una nueva vida y quien me ha apoyado y animado para escribir este trabajo

A mis queridos hijos Alejandro, Guilli, Karen y Zuania

A mis queridas hermanas y hermanos del Seminario Evangélico de Puerto Rico y de la Primera Iglesia Bautista de Río Piedras, quienes me han acompañado en momentos difíciles de la vida

A la memoria de nuestra Damaris con quien, junto a mis hijos, tuve el privilegio de vivir una vida en el amor del Señor

Introducción al Pentateuco: de Génesis a Deuteronomio

odo esto es el libro de la alianza del Dios altísimo, la ley que promulgó Moisés para nosotros, la herencia del pueblo de Jacob. Esta ley está llena de sabiduría como el río Pisón, o como el Tigris en la primavera; rebosa de sensatez como el Éufrates, o como el Jordán cuando más crece; da instrucción tan abundante como el Nilo, o como el río Gihón en tiempo de creciente. Nadie, del primero al último, ha conocido a fondo la sabiduría, pues sus pensamientos abarcan más que el océano y sus designios son más profundos que el inmenso abismo. (Eclesiástico 24.23-29; tomado de la Versión Popular con Deuterocanónicos de las Sociedades Bíblicas Unidas).

Esta hermosa cita del libro de Eclesiástico evoca la manera cómo, desde muy temprano en la historia, se valoraba la Torá o el Pentateuco, así como el libro de la alianza o del pacto entre el pueblo de Dios. Hay una referencia al «libro de la alianza» o «del pacto» en Éxodo 24.7: «Después tomó el libro del pacto y lo leyó a oídos del pueblo, el cual dijo: —Obedeceremos y haremos todas las cosas que Jehová ha dicho ». Aunque hoy no tenemos ese documento, los especialistas lo asocian con el contenido del Éxodo 20.22-23.33. (Véanse nuestros comentarios al libro del Éxodo y otras citas en 2 R 23.3; 2 Cr 34.30). Como vemos, la Torá se comparaba con la vida y las riquezas que producían los ríos de aquella región. Si recordamos que los israelitas vivían en una zona casi desértica, el comparar la ley con esos cuerpos de agua nos da una idea de la importancia que le otorgaban a la misma para sus vidas. Cuando leemos cómo el libro de los Salmos, por ejemplo, también describe la ley con palabras tiernas y entusiastas, nos preguntamos ¿desde cuándo

1

se asocia la ley con el legalismo rígido y estéril? El salmista dice: «Si tu Ley no hubiera sido mi delicia, ya en mi aflicción hubiera perecido. Nunca jamás me olvidaré de tus mandamientos, porque con ellos me has vivificado» (Sal 119.92-93). Los vocablos que emplean estos textos son muy elocuentes. La ley se entiende como herencia del pueblo, llena de sabiduría, rebosante de sensatez; se dice que es instrucción abundante, designio profundo, delicia y que los mandamientos vivifican. Por estas palabras podemos inferir que las comunidades bíblicas que expresan este sentir habían experimentado la ley como fuente de vida plena en diferentes momentos de sus vidas. El libro de los Salmos nos confirma este entendimiento cuando comienza diciéndonos en el Salmo 1.1-3 «Bienaventurado el varón que no anduvo en consejo de malos, ni estuvo en camino de pecadores, ni en silla de escarnecedores se ha sentado; sino que en la ley de Jehová está su delicia, y en su ley medita de día y de noche. Será como árbol plantado junto a corrientes de aguas, que da su fruto en su tiempo, y su hoja no cae; y todo lo que hace, prosperará». Estos textos reflejan cómo la Torá o el Pentateuco se percibía en un período significativo de la historia del pueblo de Dios.

1. Diversidad de términos hebreos traducidos como «ley»

En el Pentateuco encontramos diversos términos hebreos (cinco en total) que las distintas versiones modernas de la Biblia traducen por «instrucciones», «guías», «estatutos» y «ley». Esto subraya lo que venimos destacando: que la idea de la ley en hebreo es mucho más amplia y comprensiva de lo que el término «ley» en español expresa. Por ejemplo, los siguientes términos hebreos se refieren y se emplean, en ocasiones; como sinónimos de «instrucciones» y de «ley»: *Mitzvot,* mandamientos (Ex 15.26; 16.28; 20.6); *juquim,* estatutos, decretos (Gn 47.26; Ex 12.43; 15.26); *mishpatim,* ordenanzas, juicios y costumbres (Ex 15.25; Lv 18.4-5; 18.26); *dabarim,* palabras (Ex 19.7-9; 20.1; 24.2-3) y *tora,* ley, instrucciones (Ex 12.49; 13.9; 16.14; 16.28). Además, el hecho de que en ocasiones en una misma oración se empleen simultáneamente dos o más de estos términos para referirse a lo mismo nos ofrece una pista sobre la amplitud y riqueza del significado del concepto «instrucciones, ley» en el Pentateuco.

2. La Torá y sus interpretaciones a lo largo de la historia

Es importante que entendamos la pregunta que formulamos arriba: ¿desde cuándo la Torá o ley se asocia con actitudes e ideas legalistas? Los eruditos concuerdan que el vocablo *ley*, en cierta medida, distorsionó la idea que transmitía el hebreo *Torá*. Tempranamente en Israel, la *Torá* se entendía como una guía o instrucción imprescindible para la vida del pueblo. La palabra *ley*, aunque refleja algunas secciones del contenido del Pentateuco, conlleva una idea más reducida y menos completa que el vocablo *Torá*.

Desde temprano en la historia del pueblo de Israel, el sustantivo *Torá* trascendió el sentido informativo de un mero término para referirse a la primera de las tres partes en que estaban constituidas las Escrituras de Israel. La Torá manifestaba un valor fundamental y existencial profundo para el pueblo. De hecho, el vocablo se emplea tradicionalmente para los primeros cinco libros de las Escrituras de Israel; pero en muchas ocasiones, especialmente en las comunidades judías, también se utiliza para identificar la totalidad de las Escrituras de Israel. Para las comunidades judías la Torá fue entendida como un regalo de Dios (Sal 1:1-3 y Eclesiástico 24. 23-29). La Torá se percibía originalmente como un código legalista y, mucho menos, como una camisa de fuerza (como en ocasiones algunos sectores dentro cristianismo la entendemos). La Torá fue concebida como un don de Dios. Contiene las guías de Dios para afirmar la vida del pueblo antes de entrar a la tierra prometida y expresa, a su vez, convicciones profundas entre Israel sobre la voluntad de su Dios (Sal 1.1-6; 119.1-176).

No fue sino después del periodo del exilio babilónico (586 al 539 a. C.) que la Torá se empezó a imponer y adquirió un matiz más reducido y legalista. ¿Por qué? La experiencia del exilio fue interpretada por los líderes de Israel como un castigo y el resultado de la infidelidad del pueblo a Dios. Los profetas fueron claros en los juicios que emitieron sobre los pecados del pueblo. Ante esa percepción el liderato de Israel, en lugar de auscultar las verdaderas causas de los problemas que llevaron al pueblo al exilio, se quedaron en las ramas sin ir a la médula del problema en sí. Para no repetir los pecados que los habían llevado al exilio, su solución fue simplista. Empezaron a imponer que la Torá se observara de forma mecánica y legalista sin tener en cuenta el contexto y la historia que

3

llevó al pueblo a apreciarla y valorarla. Cuando en el Nuevo Testamento escuchamos a Pablo y a los apóstoles criticar la ley de los judíos, están respondiendo a un entendimiento tardío de la Torá/ley, a la visión legalista y no a la visión mucho más amplia de la ley y sus instrucciones que reflejan los textos que presentamos al comienzo de este capítulo. El mismo Jesús cuando dijo «No penséis que he venido a abolir la Ley o los Profetas; no he venido a abolir, sino a cumplir» (Mt 5.17) y cuando afirmó que «el sábado fue hecho por causa del hombre, y no el hombre por causa del sábado» (Mc 2.27) estaba reflejando su armonía con el significado original de la Torá y no con el entendimiento más tardío.

3. Propósitos de este breve trabajo

En este trabajo nos proponemos compartir y exponer para nuestra comunidad algunos de los asuntos y temas sobresalientes en el estudio del Pentateuco. Siguiendo los propósitos de esta serie *Conozca su Biblia*, procuramos estimular el interés por una lectura más profunda y crítica que pueda identificar los desafíos y pertinencia del Pentateuco para la iglesia hoy. Ciertamente, no pretendemos abordar la multiplicidad y complejidad de los temas contenidos en esta parte medular de la Biblia. Nos interesa invitar a nuestros lectores y lectoras y motivarles a hacer una lectura que nos lleve a apreciar la pertinencia y la riqueza de su mensaje en el contexto de nuestra realidad social actual. Partimos de un contexto caribeño, hispano y latinoamericano, e intentamos prestar atención a aquellos temas del Pentateuco que son más afines a nuestra situación. Nuestra oración es que el mensaje liberador, transformador y esperanzador del Pentateuco ilumine nuestro camino hacia un compromiso más profundo, con el Dios que liberó a Israel de Egipto y les regaló la Torá, para orientarle en su peregrinar por la vida. Este es el mismo Dios que nos salva de los egipcios modernos y nos invita a seguir su modelo creador y liberador.

4. Origen del nombre *Pentateuco*

En las comunidades y tradiciones judías, estos primeros cinco libros son llamados *Torá* o *la Torá de Moisés*. También en círculos judíos se le llaman «*los cinco quintos de la Torá*». En el contexto cristiano, algunos especialistas le atribuyen a Tertuliano de Cartago (uno de los grandes maestros de la fe de fines del siglo II y principios del III) en su obra sobre Marción *Adversus Marcionem* (1.10), el empleo del título en latín: *pentateuchus liber*. De ahí recibimos el término *Libro del Pentateuco*. Aunque a lo largo de este trabajo usaremos ambos términos como sinónimos, su origen semántico es diferente. El término «Pentateuco» describe, más bien, el sentido físico de la obra —del griego *penta* (cinco) y *teuchos* (libros), cinco libros. El título hebreo *Torá*, que comúnmente se traduce por «ley», viene del griego *nomos* (ley). Sin embargo, *Torá* tiene un sentido más profundo y rico que el vocablo *ley*. Para destacar la idea más completa del vocablo hebreo *Torá*, en la medida que podamos, emplearemos términos como «instrucción» e «instrucciones» junto con o en lugar de «ley» o «leyes».

Las tradiciones judías de antes de Cristo y las tradiciones cristianas de los primeros dos siglos interpretaron los primeros cinco libros del Antiguo Testamento (la Biblia hebrea) como un conjunto literario. Esto es, aunque por un lado reconocían los cinco libros (Génesis, Éxodo, Levítico, Números y Deuteronomio) como unidades literarias completas separadas, por otro lado, los entendían como un todo literario que contenía la parte medular para orientar su fe y conocer la voluntad de su Dios. Las otras dos partes en que está dividida la Biblia en la tradición judía (el Antiguo Testamento, para los cristianos) son los «Profetas» y los «Escritos».

5. El Pentateuco/Torá y el mundo occidental

Como ya indicamos, el Pentateuco (o la Torá), representa la primera parte de las tres en que se divide el Antiguo Testamento. Muy pronto, la Torá vino a ser el centro en torno al cual giraron todas las Escrituras. El Pentateuco ha tenido un impacto profundo y significativo en el judaísmo, en el cristianismo y en el mundo occidental. Muchas de las ideas y visiones del mundo que hoy nos orientan y sirven de fundamento para nuestra vida se encuentran en el Pentateuco. Nos han servido de base para apoyar nuestro entendimiento de Dios (su naturaleza, su voluntad para con la creación, la ecología), y la manera como interpretamos nuestra identidad como pueblo de Dios, entre otras. Indiscutiblemente, muchas de nuestras concepciones modernas están, en gran medida, influenciadas por el mensaje que hemos recibido de nuestras lecturas de esta parte de las Escrituras, la Torá. No obstante, reconocemos que estamos muy lejos de haber comprendido y, mucho menos, agotado la gran riqueza y retos que esta parte de las Escrituras tiene para nosotros. Es necesario que continuemos explorando los tesoros y los retos del Pentateuco para nuestras vidas.

6. Las teorías sobre los orígenes y fuentes del Pentateuco

Para el siglo 17 d. C. en parte como resultado de un renovado interés por redescubrir la literatura bíblica, pastores y sacerdotes europeos, particularmente eruditos tales como Richard Simons, Jean Astruc y Julius Wellhausen, entre otros, se dieron a la tarea de estudiar y analizar la Biblia procurando aplicar los principios, teorías y métodos de interpretación que estaban produciendo valiosos frutos en los estudios literarios e históricos sobre la literatura universal. La llamada «teoría documental» (otros especialistas hablaban de teoría de fragmentos y sub-unidades) fue el resultado de estas investigaciones aplicadas al Pentateuco. En esencia, esta teoría intentaba explicar la formación del Pentateuco como resultado de un complejo y largo proceso de desarrollo de tradiciones que aparecieron, originalmente, en forma oral y luego se plasmaron en forma escrita en el pueblo de Israel. Estas tradiciones se fundieron, gradualmente, debido a eventos cruciales en la historia de Israel hasta tomar la forma en que actualmente las encontramos en el Pentateuco. Algunas modalidades de esta teoría estudian el alcance de las tradiciones más allá del Pentateuco. A lo largo de la historia de la interpretación, se han ofrecido múltiples versiones de la teoría documental o de las fuentes, pero, en términos generales, todas ellas hablan de «documentos», de «fuentes y/o fragmentos» que contenían y servían de vehículos para transmitir las tradiciones de diferentes sectores representativos del pueblo de Israel. Para nuestros propósitos de ofrecer una idea general sobre esta teoría, emplearemos estos términos como sinónimos, aunque advertimos que, a través de la historia de la interpretación, los eruditos les han dado una diversidad de sentidos diversos.

El primero de los documentos (por motivos expositivos hablaremos de «primer documento», «segundo documento» y así sucesivamente, aunque debemos recordar que, históricamente hablando, algunos de ellos pudieron haber existido simultáneamente), se identificó como el Yavista (J), nombre procedente del alemán Jahwist. Según los especialistas, este documento se caracterizó por emplear el nombre de *Yavé* para referirse a Dios (Gn 2:4b y siguientes). Entre sus rasgos característicos, se han destacado sus preferencias por el uso de antropomorfismos para expresar la idea de un Dios cercano al ser humano (Gn 2:7; 3:8; 6:5-6; 7:16). Igualmente, se dice que el Yavista privilegia narrativas tales como la descripción del paraíso y la caída (Gn 2-3) y proyecta a un Dios soberano y libre. Esta tradición se ha relacionado con las tribus del sur. Entre sus propósitos principales se señala que destacaba el papel central del reino del sur, Judá. Sus autores, editores o la comunidad que preservó esta visión teológica escribieron tarde en el tiempo de David o Salomón (ca. 960-930 a. C.). Se considera esta tradición como la primera visión histórica y teológica que procuró recuperar y reorganizar muchas de las memorias antiguas sobre los patriarcas, el éxodo, el desierto, el pacto de la ley y el libro de Números, concluyendo con la muerte de Moisés. Sus autores o editores se han asociado con personas en los círculos de las cortes de los reyes que intentaron proveer una épica nacional como apoyo a la dinastía davídica.

El segundo documento se conoce como el Eloísta (E), y se caracteriza por emplear el nombre *Elohim* para Dios. Sus autores o editores se han asociado con las tribus del norte de Israel y se les supone haber pertenecido a contextos proféticos de los siglos 9 y 8 a. C. Se cree que esta tradición representa la versión de la historia de Israel que prevaleció entre las tribus del norte. Después de la destrucción de Samaria por el imperio asirio en el 722 a. C., los miembros de la comunidad que sobrevivieron pasaron a Judá y llevaron consigo esta «versión» de la historia, la que eventualmente se fusionó con la tradición Yavista. Su visión teológica es paralela a la Yavista, pero privilegia y destaca una serie de temas tales como la importancia de la tarea profética en la historia de Israel (Gn 20:7; Ex 1:15-21; Nm 11:24-30; 12:1-15) y el papel de los relatos del pacto del Sinaí en un contexto ético comunitario (Ex 19-24). Según algunos especialistas el estilo del Eloísta no es tan impactante como el del Yavista. En general, cuando E se compara con J parece enfatizar la trascendencia divina frente la cercanía divina que proyecta este último. Dios se describe como quien habla desde la nube (Ex 20:21; 33:7-11) y a través de mediadores como Moisés y los profetas (Ex 20:22;

Nm 12:7 -8). Esta fuente fue la primera de las tradiciones propuestas por la teoría documental clásica cuya existencia fue altamente cuestionada por los investigadores. Algunos eruditos se refieren a E sólo como una revisión del Yavista o como una corrección a la fuente J.

El tercer documento se conoce por las siglas D (por deuteronomista o historia deuteronomista) y DH (del inglés Deuteronomistic History). El corazón del documento procede del libro de Deuteronomio, particularmente de las leyes contenidas en los capítulos 12-26 —de ahí su asociación con las siglas Dt. Al igual que el documento E, D también se les atribuye a círculos de tribus en el reino del norte. Su relato comienza y se contextualiza con el repaso que Moisés hizo de la ley en las llanuras de Moab antes de su muerte. A diferencia de los otros tres documentos cuyos relatos se encuentran más o menos entremezclados desde el Génesis hasta el libro de los Números, este documento comienza en el libro de Deuteronomio e incluye los libros de Josué, Jueces, 1-2 Samuel y 1-2 de Reyes —lo que ha justificado el hablar de la «historia deuteronomista». Estas tradiciones se preservaron en contextos socioculturales como las asambleas públicas de renovación del pacto entre Yavé e Israel. El descubrimiento del libro de la ley en el templo en el año 622 a. C. se asocia con una de las versiones iniciales del Deuteronomio. Este fue el libro que desató la extensa reforma social y religiosa del rey Josías (2 R 22:3-10). Entre las decisiones más importantes de la reforma de Josías se encuentra la centralización del culto en el templo de Jerusalén (Dt 12: 2-3,13). Se cree que las reformas llevadas a cabo por Nehemías para la comunidad posexílica o del regreso se basaron en parte en este documento.

El cuarto documento se ha llamado Documento Sacerdotal, que se identifica con la letra P, del alemán Priesterkodex. Sus autores o editores escribieron tarde en el período exílico o temprano durante el período posexílico (ca. 550-450 a. C.). Pertenecieron a círculos de familias sacerdotales que intentaron suplementar las antiguas tradiciones de J y E con temas afines a estos círculos religiosos —ideas tales como los pactos, el papel de la Torá, instituciones culturales de Israel como el guardar el sábado, la circuncisión, las reglas en el santuario, la santidad del pueblo (Lv 17- 26) y las genealogías. Según algunos especialistas, el documento sacerdotal aparece entremezclado con los otros documentos. Lo encontramos en Génesis 1:1-2:4a, las últimas partes del libro del Éxodo, partes del libro de los Números y todo el libro de Levítico. Como tal, P es producto de la importante presencia de sectores sacerdotales en la historia de Israel, no solamente en el período monárquico, sino sobre todo durante el tiempo exílico y posexílico. Muchos eruditos estiman que P fue el último escritor o editor (o círculo de escritores) que contribuyó a la redacción final del Pentateuco. La fusión y edición de los documentos Yavista, Eloísta, Deuteronomista y Sacerdotal (J, E, D y P) fue un proceso lento y largo. Unos especialistas sugieren que, primero, ocurrió la fusión de J y E con el propósito de crear solidaridad e identidad entre las tribus del norte y las del sur. Es probable que editores de Judá, luego de la caída de Samaria (722 a. C.), pero antes del exilio babilónico (587 a. C.), integraran ambos documentos en uno (JE). La fusión del documento (JE) con el sacerdotal (P) pudo pasar por varias ediciones. En su forma final, los documentos J, E, D y P, editados por grupos sacerdotales, insertaron los temas preferidos del documento sacerdotal P (tales como las guías o leyes, las genealogías y los ritos) que le dieron uniformidad y sentido de identidad a todas las tradiciones del Pentateuco.

Esta teoría de las fuentes o documentos originales del Pentateuco ha sido cuestionada seriamente por un grupo significativo de eruditos del Antiguo Testamento, durante los últimas tres a cuatro décadas. Los argumentos que se esgrimen contra ella destacan la fragilidad de la teoría en cuanto a su falta de evidencia concreta para justificar esta reconstrucción de las fuentes del Pentateuco. Nosotros reconocemos la fragilidad de los argumentos y la imposibilidad de llegar a una conclusión en cuanto a la veracidad histórica de esta teoría. No obstante, esta es muy valiosa si la apreciamos y valoramos como un ejemplo hipotético que sólo pretende ofrecer una idea general sobre cómo el Pentateuco pudo haberse formado. Igualmente peligroso o confuso sería volver a una postura precrítica donde pensáramos que el Pentateuco nos llegó de la mano de Moisés, tal y como lo tenemos.

7. Figuras importantes en el Pentateuco

El Pentateuco trata de la acción de Dios con y entre los seres humanos. Esa acción de Dios en la historia se integra y se manifiesta en eventos concretos con figuras y grupos de personas como nosotros, con virtudes y limitaciones. En esta sección somos muy selectivos, primero, por la limitación de espacio, pero sobre todo por la pertinencia y el ejemplo que estas figuras representan para nuestras comunidades hispanas, latinas y caribeñas en la agenda de Dios. La figura de Moisés como líder no sólo nos enseña y nos ofrece modelos de cómo debemos ejercer nuestro liderato, sino también, de cómo no lo debemos practicar. En segundo lugar, nuestras comunidades se constituyen por más mujeres que hombres, pero cuando se ofrecen ejemplos se tiende a seleccionar y privilegiar los modelos de los varones e ignoramos los de las mujeres. Por último, nuestras comunidades se constituyen de grupos de personas y familias que provienen, en la mayoría, de los sectores pobres de nuestras sociedades. Sin embargo, nuestra reflexión bíblica, en muchas ocasiones, refleja grandes prejuicios e ignorancia sobre la situación de los pobres de nuestras tierras. De ahí que estos breves comentarios, junto a los que hacemos más adelante en los diversos capítulos, sólo intentan invitarnos a profundizar en el valor de estas figuras para el mensaje del Pentateuco.

a. Moisés

No hay lugar a dudas de que después de Dios y del pueblo de Dios, Moisés es la figura más sobresaliente en el Pentateuco. Moisés cumple una función única como intermediario o mediador, a través del cual Dios se comunica con su pueblo (Dt 9.6-29). En todo el proceso de comunicación entre Dios y el pueblo, Moisés juega un papel clave como portavoz de Dios para el pueblo, al igual que de portavoz del pueblo ante Dios. El epílogo de libro de Deuteronomio recoge muy bien el sentir que se tenía sobre Moisés en la historia de Israel: «Nunca más se levantó un profeta en Israel como Moisés, a quien Jehová conoció cara a cara; nadie como él por todas las señales y prodigios que Jehová le envió a hacer en tierra de Egipto, contra el faraón y todos sus siervos, y contra toda su tierra, y por el gran poder y los hechos grandiosos y terribles que Moisés hizo a la vista de todo Israel» (Dt 34.10-12).

A partir del mensaje del libro del Éxodo, casi toda comunicación medular entre Dios y el pueblo (con excepción del Decálogo) es mediada a través de Moisés. Muchos especialistas le han comparado con la figura del «siervo sufriente», por las difíciles tareas y situaciones que Moisés enfrenta a través de toda su vida. Moisés viene a ser el modelo de líder que se involucra y adopta posturas en cada una de las situaciones en que se le llama a ejercer su liderato. Lejos de ser un mero espectador, Moisés se involucra completamente con el sentir de Dios, así como en múltiples ocasiones, con la situación del pueblo. El primer incidente de esta naturaleza surge cuando Moisés ve cómo un hebreo es castigado por un egipcio (Ex 2.11-14). Su llamado vocacional le presenta una situación de profunda angustia personal, a la que termina por responder con integridad (Ex 3.13-22; 4.1-9, 10-17).

El mandato de Dios a Moisés para que escribiera la lucha y la victoria del pueblo sobre Amelec representa uno de los primeros argumentos para que la tradición le atribuyera a Moisés la autoría del Pentateuco (Ex 16.14). Sin negar el papel crucial que Moisés debió haber jugado en el proceso de formación y desarrollo de estas tradiciones, los especialistas reconocen que una obra literaria de estas dimensiones no es producto de personas individuales —sin mencionar el hecho de que no pudo haber descrito su muerte, como se hace en Dt 34. Como sabemos, la preservación y protección de las tradiciones bíblicas dependía, mayormente, de familias sacerdotales y de escribas dedicados, por generaciones, a transmitir y proclamar el mensaje de Dios. Sabemos que era práctica común en la antigüedad atribuirles las obras más significativas a las figuras de más renombre y respeto en la comunidad. Esta realidad no le resta ni le quita la autoridad a la obra ni a Moisés.

b. Las mujeres

Entre las figuras protagónicas del Pentateuco (así como en toda la Biblia) están las mujeres. Su valor e importancia no se reconoce en la «historia oficial»; esto es, en el mensaje explícito a primera vista. En el contexto patriarcal en que se escribe el Pentateuco se destacan y sobrevaloran las acciones de los varones, y se presenta a las mujeres en un segundo o tercer plano. Sin embargo, una lectura cuidadosa del relato bíblico no puede ignorar la manera como las mujeres participan íntegramente como medios e instrumentos de Dios en la liberación y el logro de la vida plena del pueblo. Reconocer su mediación es importante porque todavía, a pesar de los cambios en nuestras estructuras sociales y en los nuevos entendimientos bíblicos, no les hacemos justicia en muchos de nuestros contextos eclesiales y congregacionales. De ahí, que es necesario que reconozcamos su rol protagónico y liberador para no continuar oprimiéndolas y haciéndolas invisibles. Es imperioso destacar que ellas representan un sector significativo entre «los pobres», como receptoras del amor y la acción de Dios —amor y acción particularmente dirigidos a las viudas y extranjeras junto con los huérfanos— y se les presenta como mediadoras en el plan de Dios de salvación y liberación.

c. Los pobres

La atención a la situación y realidad social de opresión de los pobres, un sector significativo del pueblo de Dios, es un tema crucial que se ha reconocido por especialistas y líderes cristianos durante las últimas cuatro décadas. Especialmente, la reflexión teológica y pastoral que se ha cultivado desde nuestra América Latina ha sido muy sensible al cuidado especial de la acción de Dios para quienes no podían gozar de la plenitud de vida que Dios quiso para toda su creación desde los orígenes del mundo. El evento medular en el libro del Éxodo, la liberación/salvación de los hijos de Israel de Egipto, señala de manera extraordinaria cómo este Dios se solidarizó con los más vulnerables y oprimidos. Primero, Dios escuchó su clamor, en una acción que no tenía paralelo en las relaciones entre las divinidades y los pueblos en aquellos tiempos. Luego respondió y actuó sacándolos del sufrimiento y la opresión, y proveyendo las medidas y guías para la vida en comunidad para que fueran protegidos. Una lectura cuidadosa de las tradiciones legales en el Pentateuco nos confirma lo que decimos. Por ejemplo, encontramos leyes y medidas que protegían a los sectores más pobres de Israel cuando se veían obligados a hacer préstamos por motivos de incapacidad económica (Ex 22.21-27; Lev 25.35-40 y Dt 23.19-20). Entre las razones y principios que se ofrecen para que los poderosos no caigan en la explotación de los más pobres se incluyen: a) No olvidar que ellos mismos habían sido explotados y esclavizados en la tierra de Egipto y Dios los había defendido de aquel abuso; b) En los casos de préstamos, quienes recibieran artículos esenciales como objetos de empeño —por ejemplo, ropas— debían reconocer cuán necesarios estos eran para la vida de esas personas. También encontramos medidas contra la perversión de la justicia (por ejemplo, Ex 1-3; 6-7; Lev 19.15; Dt 16.19). Las medidas son claras y transparentes: «no te concertarás con el impío para ser testigo falso» (Ex 23.1); «no harás injusticia en el juicio ni favoreciendo al pobre ni complaciendo al grande; con justicia juzgarás a tu prójimo» (Lv 19.15). Las tradiciones legales también demandaban justicia al momento de llevar a cabo la actividad económica (véase Lv 19.35-37 y Dt 25.13-15). Finalmente, encontramos medidas que protegían a los pobres explícitamente, como en Éxodo 22.21-22; 23.9 y Dt 24.14-18: «No oprimirás al jornalero pobre y menesteroso, ya sea de tus hermanos o de los extranjeros que habitan en tu tierra dentro de tus ciudades. En su día le darás su jornal, y no se pondrá el sol sin dárselo; pues es pobre, y con él sustenta su vida; para que no clame contra ti a Jehová, y sea en ti pecado. Los padres no morirán por los hijos, ni los hijos por los padres; cada uno morirá por su pecado. No torcerás el derecho del extranjero ni del huérfano, ni tomarás en prenda la ropa de la viuda, sino que te acordarás que fuiste siervo en Egipto, y que de allí te rescató Jehová tu Dios; por tanto, yo te mando que hagas esto».

8. Visión panorámica del mensaje del Pentateuco

Cuando miramos el Pentateuco como un todo literario podemos observar unas características que son obvias a primera vista. Desde Génesis hasta Números (los primeros cuatro libros) encontramos una narración continua. Se comienza con los eventos que ocurrieron en el origen de la creación (Gn 1) y se llega hasta la muerte de Moisés (Dt 34). Sin embargo, cuando observamos todo esto más detenidamente podemos identificar otros cambios particulares. La narración sigue de continuo desde Gn 1 hasta la estadía del pueblo en la región de Moab antes de entrar a la tierra prometida. El mensaje del libro de Deuteronomio realmente no continúa la historia que culmina en el último capítulo de Números, sino que hace un resumen de ella. Por otro lado, el mensaje del Deuteronomio también sirve de introducción a los Profetas (la segunda parte en que está dividida la Biblia hebrea), particularmente, al material que va de Josué a 2 Reyes.

9. Resumen del mensaje del Pentateuco

Un resumen de los eventos más significativos en estos cinco libros podría incluir los siguientes asuntos: primero, el mensaje del Pentateuco se podría resumir diciendo que comienza en el libro de Génesis con el relato de la creación del universo y concluye en el libro de Deuteronomio relatando dos temas: (a) los israelitas ya establecidos como pueblo de Dios en las llanuras de Moab, listos para entrar a la tierra prometida y (b) la muerte de Moisés. De manera que el Pentateuco comienza narrando cómo Dios en el libro de Génesis atiende a toda la creación, para luego focalizar su interés en una familia, la de Abraham y sus descendientes. Al final, culmina describiendo la transición de los descendientes de Abraham al pueblo de Israel, que tendrá el privilegio y la responsabilidad de ser el medio de bendición de Dios a todas las naciones.

Un resumen más extenso podría incluir lo siguiente: en el inicio de todo, Dios interviene para crear el mundo, que incluye desde los astros, que están en los cielos, hasta toda la fauna y flora, que está en la tierra. Esta creación se enmarca en el bloque de los siete días de la semana. En seis días, Dios creó la tierra y, en el séptimo día, descansó; esto es, se deleitó contemplando toda su creación. En el primer relato del Génesis se nos informa que la creación del hombre y la mujer se produjo hacia el final del proceso en Gn 1.27, después de Dios haberse dedicado a la creación de los cielos, la tierra y los animales del mundo. Al final del capítulo dos de Génesis, Dios le indica a la pareja los límites que debían observar en cuanto a los frutos de los árboles que podían y no podían comer. Tenían libertad de decisión. No obstante, Dios les hace conscientes de las consecuencias de sus decisiones. La nueva figura que aparece en escena, y de la cual no se explica nada, es la serpiente. Después de un diálogo con la serpiente, la pareja sopesa sus alternativas y opta por la propuesta que le propone la serpiente. De inmediato, descubren su propia vulnerabilidad, que se manifiesta en que están desnudos. Al cabo del tiempo, cuando Dios nuevamente los visita, se esconden de él y, por fin, con cierta resistencia, reconocen que lo desobedecieron. Tienen vergüenza de su desnudez. La pareja es expulsada del Edén. Sin embargo, fuera del Edén, Dios no permitió que la pareja quedara excluida de su presencia. Todavía la pareja podía disfrutar de comunicación con Dios. Podía, además, continuar trabajando. Aunque con dificultades, serán capaces de cosechar el fruto de su trabajo, de reproducirse y de tener descendencia. A partir de la desobediencia inicial aparecen consecuencias entre los descendientes de la pareja. Hubo rivalidad entre los primeros hijos. Un hermano mató al otro y la violencia social parece haber irrumpido en el mundo conocido. La violencia y el mal social se propagaron por toda la tierra, al extremo de que Dios tuvo que intervenir para controlar la maldad entre los seres humanos. Un diluvio fue el medio empleado por Dios para detener el ciclo de violencia extendida. Dios escogió una familia, la de Noé, para sobrevivir al juicio que vendría. También le ordenó a Noé escoger y preservar una representación de los animales de la tierra para que continuaran la vida después del desastre natural, protegiéndolos en una enorme embarcación. Los esfuerzos de Dios por salvaguardar la nueva población a través de la familia de Noé eran incuestionables. No obstante, los nuevos seres que habitaron la tierra no estuvieron libres del pecado. Los descendientes de Noé provocaron otros problemas muy serios y profundos. La arrogancia de las personas y el intento por obtener poder e independencia absoluta de Dios construyendo una torre que llegara al cielo obtuvieron los resultados contrarios; no pudieron sobreponerse a la confusión de las lenguas. Las consecuencias de sus decisiones en la búsqueda de poder fueron adversas, pues resultaron en la incomunicación y, por consecuencia, en la dispersión de los grupos humanos sobre la faz de toda la tierra. Así concluyen los capítulos del 1 al 11 de Génesis.

Siguen, entonces, nuevos esfuerzos e intervenciones de Dios en Génesis 12-50. Las intervenciones de Dios por mantener su creación nunca cesaron. Tras vencer uno tras otro la cadena de obstáculos para que su creación lograra buenos propósitos, Dios nuevamente explora otras alternativas. Ahora llama a una familia para que se convierta en el medio de bendición para toda su creación. Esta familia era originalmente de la región de Babilonia. El llamado de Dios los convierte «oficialmente» en los primeros emigrantes. Los llama para que salgan de su tierra y de entre su gente, y les promete una gran descendencia y una tierra donde puedan vivir en plenitud de vida. Al inicio les promete una tierra, pero no les indica cuál será. Sobre todo, Dios les subraya que ellos serán instrumento de bendición para el resto de los pueblos de la creación. La promesa de Dios se dirige, específicamente, a la familia de Abram (Abraham) junto con su esposa Sarai (Sara) y su familia extendida. Sin embargo, Abraham y Sara son ancianos y el tiempo de la fertilidad de ambos ha terminado. ¿Cómo podrán ser un gran pueblo si ya no se pueden reproducir? Enfrentan graves dificultades para que la promesa se cumpla. En desesperación, recurren a Agar, una esclava egipcia que forma parte de su familia, para que sirva de medio para lograr la multiplicación de su grupo familiar. Un hijo, Ismael, nace de esa relación y viene a formar parte de la familia; pero no es aceptado para continuar el linaje. No obstante, Dios no desprecia a Agar ni a su hijo Ismael. Dios escucha el llanto del niño y acude a su auxilio prometiéndole a Agar que el niño tendrá una gran descendencia.

Milagrosamente, Abraham y Sara engendran a Isaac. Este hijo será la nueva esperanza para obtener la promesa de Dios. Pero antes, Isaac tiene que sobreponerse a nuevos impedimentos. Estuvo a punto de ser sacrificado. Luego, debió encontrar esposa, no en la tierra donde actualmente vivía, sino de donde procedía su familia originalmente, Mesopotamia. La joven escogida para continuar la familia se llamó Rebeca. Ella procreará dos hijos, Esaú y Jacob. El relato bíblico sugiere que los conflictos entre estos hermanos vienen desde el vientre de su madre. La naturaleza del conflicto es muy grave. Jacob utilizó el engaño para obtener beneficios personales. Para evitar que el desenlace del conflicto no terminara en muerte, Jacob, el engañador y el más joven, tiene que emigrar y vivir fuera de su entorno territorial. Se va a Mesopotamia junto a su tío, Labán, con quien reside por espacio de veinte años.

A su regreso, viene acompañado de sus esposas Lea y Raquel, al igual que de las criadas egipcias de sus esposas, Zilpá y Bilhá respectivamente. Con todas ellas, Jacob había engendrado doce hijos. El reencuentro con su hermano Esaú no fue violento. Hubo reconciliación entre ellos. En su larga travesía de regreso para encontrar un asentamiento en la tierra de su padre, llegó a Betel, donde tuvo otro encuentro con Dios. Allí Dios le cambiará el nombre de «Jacob» a «Israel».

Los conflictos en la vida y en la familia de Jacob lo persiguen. Con el correr del tiempo, nuevos desencuentros surgen, ahora, entre los hijos de Jacob. El motivo de los problemas fue la envidia que tienen los hijos mayores de Jacob a José, el penúltimo de los dos hijos menores. Los múltiples intentos por parte de sus hermanos de asesinar a José nunca se pudieron consumar. Pero José terminó siendo vendido como esclavo por sus hermanos a comerciantes de la región. Dios reorienta los planes malvados de los hermanos mayores y los torna en bien para José, quien obtiene una alta posición en la casa del faraón de Egipto. Interesantemente, mientras José ejercía su trabajo en la casa de faraón, optó por transformar el ciclo de violencia familiar. Perdonó a sus hermanos y les facilitó que encontraran espacio para sus vidas en Egipto, después de huir de la hambruna que afectaba su tierra.

La familia de Jacob creció en Egipto sin problemas hasta que un nuevo faraón ascendió al trono de Egipto (Ex 1.8). El crecimiento numérico de los descendientes de Jacob representó una amenaza al nuevo faraón. El texto de Éxodo los identifica, no ya como la familia o descendientes de Jacob/ Israel, sino como los «hijos de Israel». Para el nuevo régimen del faraón, no fue suficiente que trabajaran como esclavos y estuvieran entre los pobres de Egipto. El faraón quería asegurarse de que no pudieran constituir ninguna amenaza a su sistema de dominio y poder. El faraón intentó controlar a las parteras hebreas para que sirvieran como instrumentos de muerte y no de vida. Sin embargo, las mujeres resisten las órdenes del faraón con gran astucia y sabiduría. Entonces, una figura nueva aparece en escena, Moisés, un hebreo que en su infancia sobrevivió a la política genocida del faraón. Moisés sobrevivió, a través de medios milagrosos, en el palacio del faraón y en la cultura del imperio egipcio por la ayuda que le brindó la hija del faraón. Un día, fue testigo de un castigo que un egipcio le propinaba a un hebreo, intervino y mató al egipcio. La noticia llegó a oídos del faraón, quien lo persiguió para matarlo. Para salvar su vida, Moisés tuvo que huir a la región de Madián donde se refugió por un tiempo para evitar ser asesinado. Allí, en los alrededores de un pozo de agua, donde los relatos bíblicos acostumbran a identificar la actividad de las mujeres, conoció a Séfora, hija de Jetro (también identificado por Reuel, sacerdote de Madián), con la que eventualmente se casó. Un día, mientras Moisés cuidaba el rebaño de Jetro en la montaña de Dios (Horeb/Sinaí), el ángel del Señor se le apareció en llamas de fuego en un arbusto ardiente que no se consumía. La experiencia fue extraordinaria: este Dios se le reveló, como el Dios de su padre Abraham, de Isaac y de Jacob y como el Dios que había escuchado el clamor de su pueblo debido a la opresión del faraón. De inmediato, Dios llamó a Moisés y le dio la misión de dirigir la liberación/salvación de los hijos de Israel del yugo de Egipto (Ex 3.1-4.7). La tarea de Moisés no fue fácil. Moisés tuvo un papel protagónico en el proceso de la liberación del pueblo; pero los medios y acciones para la liberación siempre estuvieron en última instancia en el poder de Dios, quien luchó por ellos. Este Dios tomó partido; jamás fue un Dios indiferente ni, mucho menos, neutral ante los sufrimientos de los pobres e indefensos. Tanto las plagas que Dios envió como la separación del mar fueron eventos donde Dios seguía interviniendo, para que sus propósitos para la plenitud de la creación se alcanzaran (Ex 7.8-14.31).

La travesía del pueblo por el desierto desde el cruce del mar hasta llegar al Sinaí durará tres meses (Ex 15.22-18.27). Fue un peregrinaje difícil para Moisés, como líder, y para el pueblo, el cual tuvo muy poca memoria de lo que Dios había hecho con ellos. Repetidamente, el pueblo estuvo murmurando y rebelándose por las múltiples adversidades que enfrentaban. El texto nos dice que los israelitas llegan al desierto de Sinaí al tercer mes de su salida de Egipto (Ex 19.1) y no saldrán del Sinaí hasta los eventos narrados en Nm 10.11-12. Su estadía en el Sinaí duró aproximadamente once meses. Durante ese tiempo, y frente a la montaña de Dios, el pueblo recibió la revelación de Dios, oyó directamente de Dios el decálogo (Ex 20.1-20) y luego, por medio de Moisés, recibió el resto de las instrucciones/leyes que encontramos en el resto del libro del Éxodo y los libros de Levítico y Números. Estas instrucciones se relacionan con el altar, los sacrificios, los esclavos, las personas extranjeras y las fiestas, entre otros temas (Ex 20.21-23.33). Dios no sólo exigió que el pueblo recibiera estas guías e instrucciones, sino que era necesario que el pueblo las confirmara a través de un pacto. La ceremonia de ratificación del pacto se encuentra en Éxodo 24.1-18. El libro del Éxodo concluye con una diversidad de temas, después ofrecer las instrucciones sobre cómo construir el santuario. Los capítulos 32 al 34 interrumpen el tema relatando la idolatría del pueblo y concluyen narrando la implementación de las instrucciones sobre la construcción del santuario (Ex 35-40). El culto y el sistema de los sacrificios se establecieron en los libros de Levítico y Números. El mensaje del libro de Deuteronomio representa el sermón de despedida de Moisés, que se ofrece, según el texto, en el espacio de un día antes de entrar a la tierra prometida.

10. Géneros literarios en el Pentateuco

Hemos comenzado diciendo que el mensaje del Pentateuco es uno solo: la revelación de Dios a su pueblo Israel. Sin embargo, ese mensaje se expresa a través de una variedad de géneros o formas literarias. Los géneros literarios son, por así decir, vehículos que tienen sus formas o estructuras literarias particulares. Hay especialistas que han comparado los géneros literarios con la ropa en que nos llega envuelto el mensaje. Por ejemplo, los domingos en la mañana usamos un tipo de ropa para ir a la iglesia, pero cuando vamos de pasadía al campo empleamos otro tipo de ropa. Identificar la ropa que una persona emplea nos puede ayudar para conocer sus propósitos e intenciones en determinado momento. La comunicación e interpretación efectiva debe prestar atención a todas esas variables— de ahí nuestro interés en los géneros literarios. Sin pretender agotar el tema, compartiremos algunos de los géneros que consideramos más sobresalientes en el Pentateuco.

El género más amplio y evidente que emplea el Pentateuco para contener y transmitir su mensaje es el libro. Por ejemplo, el Pentateuco se constituye de cinco libros. Pero cada uno de estos cinco libros se compone, a su vez, de una variedad de géneros. Por ejemplo, en el libro del Génesis encontramos el género de las genealogías (Gn 4.1-26; 5.1-9.29; 10.1-32; 11.10-25.11; 22.20-24; 25.1-6). Las genealogías consisten comúnmente en listas de nombres de antepasados. También encontramos unos relatos que nos informan sobre la llamada historia primordial o protohistoria (Gn 1-11). Uno de los géneros contenidos en la historia primordial son el llamado mito y la saga. En el campo de la teología, la literatura y la sociología, el género mito no tiene que ver, como lo asociamos cotidianamente, con mentira o falsedad, sino que es un relato predominantemente ideal que describe diversos aspectos de la vida antes de la historia como la conocemos hoy. El género mito se ha identificado en Gn 6.1-4. También se habla del género saga. La saga contiene descripciones de figuras típicas ideales. Se habla de la saga primordial (Gn 1-11), conflictos entre hermanos (Gn 4) y conflicto con otros grupos (Gn 21.22-31). Encontramos, también, un ciclo de sagas sobre la familia de Abraham y Lot (Gn 12-26), una breve novela o una saga expandida sobre José (Gn 37; 39-40; 50), tratados o pactos (Gn 23.16-17) y oraciones (Gn 24.10-14), entre otros.

En el libro del Éxodo encontramos narraciones o cuentos breves que informan sobre un evento («story of stories» en inglés; Ex 1.7-14; 2.1, 2-4, 11-22; 5.1-6.1; 12.43-51; 13.1-16; 15.1-19, 20-21; 18.1-27); genealogía (Ex 6.14-25); relatos de vocación (Ex 2.23-4.23; 3.1-4.18; 6.2-7.6); manifestaciones de Dios (o teofanías; Ex 3.2-3; 3.1-6; 33.19-34.3); reglas de conducta, instrucciones o leyes (Ex 20.1-17). Entre las instrucciones y leyes tenemos tres grandes colecciones de instrucciones o leyes: el llamado código de la alianza (Ex 20.22-23.19); la llamada ley de Santidad (Lv 17-26) y el llamado código deuteronómico (Dt 12-26); cantos o himnos de victoria (Ex 15.1-19, 20-21) y tratados o pactos (Ex 24.1-11).

En el libro de Levítico, encontramos instrucciones sobre una diversidad de asuntos; por ejemplo, ofrendas de sacrificios y holocaustos (1.1-6.7; 6.8-7.38), instrucciones sobre la ordenación o consagración de sacerdotes y establecimiento del tabernáculo (Lv 8-9), instrucciones sobre regulaciones del culto (Lv 11-15) y una variedad de instrucciones o medidas que contienen el llamado de Dios a la comunidad a ser santos, como Dios es santo (Lv 17-26).

En el libro de Números encontramos censos o listas de personas y de las doce tribus (Nm 1; 26), instrucciones o leyes sobre diversos asuntos (Nm 5.1-6.21; 7-8; 9-10; 15;17-19; 28-30; 34-36), bendiciones sacerdotales a la comunidad (Nm 6.22-27), cuentos (Nm 22-24), disputas legales (Nm 27.1-11), relatos de sucesión en el liderato (Nm 27.12-23) y listas de lugares (Nm 33.1-49).

En el libro de Deuteronomio el género que más se destaca es el sermón (Dt 1-10; 28-31). El libro se presenta como un sermón de despedida de Moisés, ofrecido en las llanuras de Moab poco antes de morir. También encontramos exhortaciones (Dt 5-11), bendiciones en forma de un poema o cántico (Dt 33.1-5, 26-29), así como bendiciones y maldiciones (Dt 27-30).

Merece un comentario adicional el género legal que encontramos en tres cuerpos de tradiciones legales mencionados anteriormente y contenidos en tres de los libros del Pentateuco. Este género ha sido identificado con varios nombres. Unos lo han denominado «código», intentando describir así la afinidad y coherencia de ese cuerpo de regulaciones, instrucciones o leyes. Otros se inclinan por llamarlo «tradiciones legales» del Pentateuco, reconociendo la unidad de este cuerpo. Pero también admiten que estos textos no llegan a ser una colección sistematizada de medidas y leyes (de ahí que no lo llamen código). Estos destacan, más bien, un grupo de tradiciones legales diversas cuya organización responde a unos propósitos teológicos, en lugar de a una visión sistemática del derecho que intente abordar las diversas áreas de la vida del pueblo en la antigüedad. A estos tres cuerpos o tradiciones legales les llaman: (a) el libro del pacto o alianza referido en Ex 24.7 y asociado con Ex 20. 22-23.33; (b) el código de santidad, asociado con Lv 17-26 y (c) el código deuteronomista, asociado con Dt 12-26.

En fin, la presencia de todos estos géneros en el Pentateuco nos confirma que el mismo es una rica y compleja composición literaria que pasó por un proceso largo de escritura, organización y edición. Diversos grupos o familias de escribas, a través de diferentes generaciones, intervinieron en la redacción y organización del Pentateuco. Cada generación fue articulando e imprimiendo en el Pentateuco sus respectivos rasgos característicos y propósitos teológicos particulares. En ocasiones, estos rasgos y propósitos teológicos debieron coincidir con otros y, en otras ocasiones, debieron diferir. Esa composición y obra literaria poco a poco fue afirmándose, consolidándose y aceptándose hasta llegar a la forma en que lo encontramos hoy. A esa forma en que lo encontramos hoy la llamamos la «forma canónica», aceptada por las generaciones y las comunidades judías que fechamos después del tiempo del exilio babilónico (586 al 539 a. C.).

11. Organización del Pentateuco

Como un conjunto literario, la organización o la estructura del Pentateuco se puede expresar de diversas formas. Para este comentario, hemos escogido la siguiente. (Compárese con la sección que ofrecemos arriba: Resumen del mensaje del Pentateuco).

I.   Historia de los orígenes: Gn 1-11
II. Historia de las familias de Israel: Gn 12-50
III. Opresión en Egipto y liberación de la esclavitud: Ex 1.1-15.21
IV. De Egipto al Sinaí: en el desierto: Ex 15.22-18.27
V.   En el monte de Dios Sinaí/Horeb: Ex 19.1-Nm 10.10
VI. Del Sinaí a Moab: en el desierto: Nm 10.11-21.35
VII. En Moab y «el sermón de Moisés» o Deuteronomio: Nm 22.1-Dt 34.12

12. El Pentateuco y sus traducciones

El Pentateuco, tal como lo tenemos hoy, nos ha llegado en hebreo, en griego y en latín, entre otros idiomas antiguos. En cada uno de esos idiomas, los vocablos empleados para referirse a conceptos claves como Dios, creación, salvación, instrucciones o ley, pacto y pecado, entre otros términos, fueron adquiriendo diversos sentidos que debemos conocer (o, por lo menos, estar familiarizados con ellos) para interpretarlos adecuadamente.

a. La Septuaginta (LXX)

Cuenta un relato antiguo que, durante el reinado de Ptolomeo Filadelfos (285-247 a. C.), setenta y dos escribas judíos (seis representantes de cada una de las doce tribus de Israel) fueron enviados por el sumo sacerdote Eleazar desde Jerusalén a Alejandría, en Egipto, para traducir la Torá al griego. Después de una faena extensa y ardua, descubrieron que todas sus traducciones eran idénticas. Este texto vino a ser conocido como la *Septuaginta* o versión de los setenta, y se le señala mediante el símbolo LXX. Hay varias versiones de este relato, pero, en su esencia, todos procuran afirmar el valor de esta traducción.

Después de que Alejandro Magno conquistara, en el año 332 a. C., la región de Siria, Palestina y Egipto, los habitantes de esos pueblos dominados recibieron una fuerte influencia del idioma y la cultura del nuevo imperio helénico o griego. Las comunidades judías y, especialmente, las generaciones más jóvenes que vivían en la ciudad de Alejandría, prontamente se asimilaron a la nueva cultura prevaleciente. Estas comunidades judías necesitaron que se le tradujeran las Escrituras del hebreo al griego, que era ahora su idioma vernáculo principal. Fue a partir de esa situación histórica que la Septuaginta vino a adquirir una gran importancia. La forma cómo la Septuaginta tradujo la Torá nos ofrece pistas para entender cómo se fue interpretando y reinterpretando la Torá / Pentateuco a través de los tiempos.

b. La Vulgata latina

Las traducciones al latín y, en especial, la llamada Vulgata latina constituyen otra traducción importante de cuya existencia y propósitos todo estudiante del Pentateuco debe al menos saber. Así como Grecia hizo un impacto sobre aquella parte del mundo conquistada por el idioma griego, Roma dejó su huella a través del latín. Aunque la mayor parte de los cristianos del primer siglo hablaban griego común (coiné), muy pronto la proclamación del evangelio al mundo occidental, específicamente en Roma, hizo que el latín adquiriese nueva importancia en las iglesias. Las nuevas comunidades cristianas en Italia y del mundo occidental privilegiaban el latín. Se estima que para comienzos del siglo tercero de la era cristiana empezó a traducirse el Pentateuco al latín. Para el año 382 d. C. el papa Dámaso designó a Jerónimo para que produjera una traducción oficial de la Biblia al latín. Esta traducción eventualmente fue recibida como la versión oficial de la Iglesia Católica Romana. De ahí que cada uno de los nombres de los libros del Pentateuco exista también en latín.

c. El Pentateuco samaritano

Existe una versión de la Torá llamada Pentateuco Samaritano, preservada en una forma de hebreo antiguo, que fue fruto de la comunidad samaritana que se había separado de la comunidad judía en tiempos antes de Cristo. Esta versión samaritana del Pentateuco es importante para quienes estudian el texto bíblico. Aunque se reconoce que esta traducción no es la más fidedigna, ella representa una versión antigua que puede arrojar luz sobre cómo otras comunidades no judías interpretaban el texto del Pentateuco.

Los samaritanos representaron un grupo dentro del judaísmo que, desde muy temprano en la historia de Israel, reclamaron ser los auténticos herederos de las tradiciones mosaicas. Afirmaban que la verdadera montaña sagrada que Dios había escogido era el monte Gerizim (en el norte de Israel, de donde ellos provenían) y no el monte Sión (en el sur de Israel, de donde se originaban los judíos). Todavía existe una comunidad muy pequeña que reclama heredar esa tradición. El relato de la mujer samaritana en Juan 4.20 nos recuerda la rivalidad entre estos dos grupos.

Pasemos, entonces, al estudio más detallado de cada uno de estos cinco libros y cómo el mensaje del Pentateuco se va desarrollando en ellos.

Génesis

Capítulo 1

Y vio Dios todo cuanto había hecho, y era bueno en gran manera. Y fue la tarde y la mañana del sexto día. Fueron, pues, acabados los cielos y la tierra, y todo lo que hay en ellos. El séptimo día concluyó Dios la obra que hizo, y reposó el séptimo día de todo cuanto había hecho. Entonces bendijo Dios el séptimo día y lo santificó, porque en él reposó de toda la obra que había hecho en la creación (Gn 1.31-2.3).

El texto que citamos arriba (1.31-2.3) destaca uno de los temas principales del libro de Génesis y de todo el Pentateuco. El libro desea afirmar que todo cuanto Dios creó fue bueno en gran manera. Dios tuvo un propósito en la creación del mundo, y lo logró. Cuando Dios bendijo y santificó el séptimo día y descansó de toda la obra que había hecho, esto no significa que Dios estuviera cansado y tuviera que descansar del trabajo arduo y agotador, sino que Dios se deleitó en su creación. En el lenguaje de los músicos, Dios nos dio el tono para que nosotros siguiéramos su modelo; para que también nosotros nos deleitáramos y continuáramos en su obra de creación. El propósito de Dios para el mundo es retador, pero no es complicado ni difícil de entender. En esta breve introducción al libro de Génesis vamos a destacar cómo Dios no sólo se propuso hacer el bien, sino que, desde entonces, (en Génesis, Éxodo, Levítico, Números y Deuteronomio) Dios continúa ocupándose para que su creación pueda disfrutar a plenitud de su propósito.

1. Título del libro

Génesis recibe su nombre del griego de la Septuaginta (LXX) en Génesis 2.4a, y se traduce por *comienzo u origen* (véase en nuestra Introducción la sección sobre la Septuaginta). Este término viene, a su vez, del texto hebreo *bereshit* «en el principio».

Génesis inicia su relato explicando teológicamente los eventos que dieron origen al mundo (Gn 1-11) —esto es, el mundo antes de ser conocido como lo conocían los antiguos. Lo primero que observamos es que el Génesis empleó diversas analogías o comparaciones para contar los orígenes del mundo. Esos relatos son, por naturaleza, metafóricos y simbólicos, pues no existía en aquel tiempo otra manera de hablar de ese tema sino a través de analogías. Los narradores que contaban estos relatos o cuentos eran personas dedicadas a cultivar la memoria pasada (historia) de sus pueblos. Vivían en grupos o comunidades donde crecían, se socializaban y se educaban en aquella forma de pensar. Muchos de ellos se dedicaban a celebrar y perpetuar las hazañas y las épicas de sus líderes y monarcas. En momentos de conflictos y de crisis, con sus relatos, intentaban contribuir a encontrar la respuesta a los problemas. Entre ellos se encontraban escribas, sacerdotes y sabios. Como es lógico, los narradores estaban condicionados a emplear ejemplos y vocabulario de su tiempo. Partían de lo que conocían para entonces para hablar de lo que trascendía a su realidad. Así, los dos primeros capítulos del Génesis nos hablan de lo que «ocurrió» en el proceso de la creación del mundo. Desde luego, esto no era una descripción científica, no pretendía serlo. No existía la ciencia. Era una descripción poética a través de la cual los narradores usaban su libertad poética para describir su realidad social de múltiples formas, con el fin de afirmarla o negarla, pero, sobre todo, de transformarla.

2. Organización del libro

Los especialistas bíblicos han explorado varias maneras de describir la organización literaria que refleja el libro. Algunos, basándose en los temas principales que aparecen en el texto, dividen el libro en dos grandes partes: la primera contiene los relatos de los orígenes de Israel (Gn 1-11), y la segunda consiste en los relatos de los orígenes de las familias, antepasados de Israel (también llamados los patriarcas) Gn 12-

50. Esta segunda sección se suele subdividir, a su vez, en tres partes: la familia de Abraham (Gn 12-25.18), la familia de Jacob (Gn 25.19-36) y la familia de José (Gn 37-50).

Por otro lado, otros especialistas advierten que, de alguna manera, los antiguos editores del libro emplearon la frase o fórmula «estas son las generaciones» o «estos son los descendientes» como principio para subdividir y organizar los eventos relatados en el libro. El vocablo *generaciones* traduce la palabra hebrea *toledot*. Esta fórmula parece reflejar una intención muy antigua y bien diseñada por medio de la cual la repetición de la fórmula sirvió para mirar el pasado, a través de la cadena de acontecimientos interrelacionados. De tal forma que, después de la primera sección sobre los relatos de la creación (1.1-2.3), encontramos diez fórmulas distribuidas a través del Génesis, a saber: las generaciones de los cielos y la tierra (2.4-4.26); las generaciones de Adán (5.1-6.8); las generaciones de Noé (6.9-9.29); las generaciones de los hijos de Noé (10.1-11.9); las generaciones de Sem (11.10-26); las generaciones de Taré (11.27-25.11); las generaciones de Ismael (25.12-18); las generaciones de Isaac (25.19-35.29); las generaciones de Esaú (36.1-37.1) y las generaciones de Jacob (37.2-38.26). Los especialistas destacan que los primeros cinco lugares donde aparece la formula se encuentran en la primera parte del Génesis, la llamada historia primordial (1-11). Las restantes cinco secciones aparecen en los capítulos 12 al 50, los relatos de las familias y de los antepasados de Israel.

Más detalladamente, otros especialistas organizan el libro de la siguiente manera:

I. Relatos sobre los orígenes (Gn 1-11)

    A. La creación (Gn 1.1-4.26)

    B. El diluvio (Gn 5.1-9.29)

    C. Pueblos en el nuevo orden y torre de Babel (Gn 9.18-11.26)

II. Relatos sobre las familias de los antepasados de Israel (Gn 12-50)

    A. La familia de Abraham (Gn 12-25.18)

    B. La familia de Isaac y Jacob (Gn 25.19-36)

    C. La familia de José (Gn 37-50)

3. Resumen del libro de Génesis

I. Relatos sobre los orígenes (Gn 1-11)
A. La creación (Gn 1.1-4.26)

A través de la historia, las civilizaciones y los pueblos han construido y empleado relatos, cuentos, mitos, ritos, leyendas, tradiciones, entre otras expresiones literarias (orales y escritas), para afirmar sus orígenes, su identidad, sus valores y su razón de ser frente a otros pueblos. Estas expresiones literarias tienen una función crucial en la vida de los pueblos, tanto cuando están en sus momentos de gloria y poder, como cuando enfrentan crisis sociales y situaciones adversas, como guerras y desastres naturales. El pueblo de Israel, como parte de esos pueblos antiguos, no estuvo ajeno a esas manifestaciones literarias. En el Pentateuco, encontramos una diversidad de expresiones literarias que tienen paralelo con otros relatos que encontramos en los pueblos vecinos. Algunas de estas expresiones son parecidas en su forma, pero en su contenido expresan diferencias significativas. Encontramos una gran riqueza al comparar algunos de los textos bíblicos con textos extrabíblicos del Levante. Nuestro propósito al hacer la comparación no es entrar en un debate sobre cuál texto es original o demostrar cuál texto depende del otro, y mucho menos defender el texto bíblico. Ya en los círculos académicos críticos, esa forma de abordar el asunto es inadecuada. Es inadecuada porque parte de la premisa es que sólo lo «original» es la verdad y todo lo que viene luego deberá ser una copia, y no es verdadera. Hoy sabemos que, en la antigüedad, diferentes pueblos compartían tradiciones comunes porque respondían a preocupaciones y temas comunes a todos los humanos. Nuestro interés en presentar los textos bíblicos junto a algunos de los textos extrabíblicos es destacar la preocupación teológica y riqueza del texto bíblico, sin menospreciar lo de otros pueblos. Por ejemplo, conocemos de relatos extrabíblicos como la épica del *Enuma elish*, un poema sobre la creación del mundo, de origen babilónico, y la epopeya babilónica del diluvio «Gilgamés». Cuando leemos el texto bíblico en el marco histórico, social y religioso de estos otros relatos, el mensaje de Génesis adquiere un significado más profundo y descubrimos otros aspectos de más pertinencia para nuestra lectura cristiana.

Entre los relatos de la creación con los que frecuentemente se comparan los dos primeros capítulos de Génesis, está el poema *Enuma elish*. El *Enuma elish* es una épica de la creación según fue construida e imaginada en Babilonia en el siglo 12 a. C. Uno de los aspectos valiosos que encontramos en este poema es que refleja cómo en la región de Mesopotamia se percibía el proceso de la creación del mundo. En uno de los momentos culminantes del relato, el dios llamado *Marduk* y otra divinidad llamada *Tiamat* entablan una lucha a muerte. Marduk mata a Tiamat, y del vientre de Tiamat se saca la tierra. Este proceso de lucha y creación era cíclico; esto es, se repetía periódicamente. El mundo creado era, pues, fruto de esa lucha. Así, el relato de la creación en este poema legitimaba la lucha y las guerras entre los seres humanos, como un reflejo de la lucha entre las divinidades.

Cuando comparamos el mensaje de los capítulos 1 y 2 de Génesis con las concepciones del mundo prevalecientes en la región de la Creciente Fértil (Siria-Palestina, Mesopotamia), el mensaje de Génesis adquiere un significado nuevo. De hecho, el tema de vida plena, el *shalom* (paz) y la justicia ocupa un lugar central en el relato. Ciertamente se contrapone al tema de lucha y violencia del *Enuma Elish*. Es necesario observar, también, que en el texto bíblico se proyecta toda la creación como fruto de la voluntad de un Dios amoroso, justo, pacífico y bueno. Las palabras que se privilegian para describir su tarea creativa se pueden comparar a las que describen la tarea de un artesano, y no la de un guerrero. La creación se presenta, pues, como la obra de un artífice quien, inspirado por amor, creó la tierra, los cielos y todo el mundo (Gn 2.7). Este Dios tuvo la voluntad de transformar el caos que prevalecía previamente. Este Dios, a diferencia de las divinidades babilónicas, creó un espacio favorable para las relaciones saludables entre todos los componentes de su creación. La creación no se redujo a un sistema de orden mecánico entre sus integrantes. El orden prevaleciente en la creación participaba del mismo espíritu de libertad de Dios, y servía a unos propósitos buenos para propiciar la vida en todas sus dimensiones y expresiones.

El cristianismo posee razones propias para fundamentar un comportamiento ecológicamente responsable y salvador. Esta religión parte de la creencia —semejante a la visión de la cosmología contemporánea— de que Dios transportó la creación del caos al cosmos, es decir, de un universo marcado por el desorden, a uno en el que reina el orden y la belleza. Y dijo Dios: «esto es bueno». Colocó al ser humano en el jardín del Edén para que lo «cultivase y guardase». «Cultivar» es cuidar y favorecer el crecimiento, y «guardar» es proteger y asegurar la continuidad de los recursos —como diríamos hoy, garantizar un «desarrollo sostenible».

En los tiempos bíblicos del exilio, por ejemplo, se les dio a los relatos de la creación de Génesis 1 y 2 un valor y pertinencia significativa para el pueblo de Israel. En aquellos momentos de crisis y de búsqueda de esperanza se diferenciaron los relatos del Génesis de los relatos del *Enuma elish*. Estos últimos privilegiaban las metáforas violentas para referirse a la tarea creativa de las divinidades. Allí, el mundo conocido era el resultado de dioses guerreros y diosas guerreras. La vida era pues producto de una guerra, de una lucha entre las divinidades. En el relato bíblico se describe la obra creadora de Dios de forma diferente. Dios no se proyecta como un guerrero, ni como un trabajador incansable, sino con un artesano quien, al culminar su obra, en el séptimo día, «descansa» —contempla su labor artesanal, deleitándose en la belleza de su creación (véase también Jer 18.12, donde también se describe a Dios como un artesano). También tan temprano como en el mismo libro del Génesis, Dios comienza a compartir su visión de la economía y de las relaciones entre el ser humano y el resto de la creación. El sabath, además de proveer el espacio para la contemplación, como indicamos arriba, modela la idea de la autolimitación de Dios como modelo para la vida (véanse nuestros comentarios sobre Ex 16 y Lv 25). Así como Dios se autoimpone límites, el ser humano debe aprender a autolimitarse, incluso en su labor productiva. La vida no se reduce al trabajo, la producción y la acumulación de bienes.

Visto en su contexto social y político, el relato bíblico de la creación no era una declaración neutral, sino una expresión de resistencia con la finalidad de fomentar esperanza en la situación de sufrimiento en el exilio y crear una visión de la vida que contrastaba con la de otros pueblos vecinos. Este relato fue polémico, pues se negaba a entender la vida como una lucha o una guerra. Por el contrario, entendía la existencia como un espacio para la plenitud de vida y como un llamado a promover esa visión de mundo. Este interés teológico también es evidente en los relatos sobre el Reino de Dios que encontramos en la Biblia (Is 2.1-5; 11.1-10; Mc 10.14-15; Lc 6.20; 7.28; 8.1; 18.16-17; Ro 14.17).

Génesis

El capítulo dos de Génesis concluye describiendo una escena de armonía en la creación de Dios. En el capítulo tres comienza otra escena nueva. Aparece la referencia a la serpiente, de quien sólo dice que era más astuta que cualquier otro animal de la creación. Seguidamente, la pregunta que le formula la serpiente a la mujer introduce el tema sobre el cual va a girar este capítulo. La serpiente sirve de contrafigura para traer al diálogo profundos temas existenciales que tenían los seres humanos de esas épocas. Entre las grandes preguntas que subyacen en el trasfondo de las palabras de la serpiente y la conducta de la pareja estaban las siguientes: ¿por qué morimos? ¿por qué la mujer tiene que sufrir cuando pare a sus hijos? ¿por qué el hombre y la mujer sienten atracción sexual el uno hacia el otro? ¿por qué aceptar o no aceptar los límites que tiene la vida? En el texto del Génesis, la pareja se describe como libre y responsable de sus actos, con libertad para tomar decisiones. Luego de que la pareja toma su decisión opuesta al consejo de Dios, se nos informa que se esconden porque aparentan tener una nueva percepción de sí mismos, y sienten vergüenza y miedo. Sin embargo, cuando Dios regresa a la escena, no los rechaza a pesar de su desobediencia. Dios los aborda, mantiene la comunicación abierta con la pareja. Aunque nos dice el texto que ellos reciben las consecuencias de sus actos, Dios no los excluye de su cuidado, sino que les provee vestiduras. Aquí, las vestiduras no son meramente una «herramienta» para su protección física, sino un medio para manejar su miedo. Si bien es cierto que la pareja ya no está en el Edén y no tiene la cercanía con Dios, Dios sigue buscándolos y proveyéndoles protección integral a sus vidas.

El texto en Génesis 4.1-16 está muy relacionado con Génesis 3. Las acciones de desobediencia de la pareja tienen sus consecuencias en otras esferas de la vida familiar. Es evidente que la relación entre los hermanos Caín y Abel se presenta como otro reflejo de las consecuencias del pecado de sus padres. Es interesante observar que el incidente que da lugar al conflicto de un hermano frente a otro está enmarcado en la esfera de la adoración a Dios. El texto nos dice que ambos llevaron ofrendas a Dios. Caín ofreció sus ofrendas del fruto de la tierra y Abel de los primogénitos de sus ovejas; pero Dios (en su libertad) vio la ofrenda de Abel con agrado y no la de Caín. Las razones de la preferencia de Dios no están del todo claras inicialmente, pero se puede entender que el narrador desea mostrar que Dios actúa como soberano y en plena libertad. En ese contexto, se puede inferir que las acciones y las razones de Caín para desquitarse con su hermano son inaceptables. Fue Dios quien tomó la decisión adversa contra él, no su hermano Abel. Después de todo, lo que Dios ha hecho desde los inicios ha sido en apoyo a su creación. No obstante, Caín no parece haber reflexionado ni ponderado la decisión divina. La amonestación que Dios ofrece en Gn. 4.7 contiene, a nuestro juicio, una de las lecciones principales del suceso. A pesar de recibir una decisión adversativa, Caín todavía debía haber tenido la capacidad de dominar sus emociones, su rabia, su enojo: «Si hicieras lo bueno, ¿no serías enaltecido?; pero si no lo haces, el pecado está a la puerta, acechando. Con todo, tú lo dominarás» (Gn 4.7). Sin embargo, Caín no controló su rabia y asesinó a su hermano. Caín, como sus padres, recibe las consecuencias de lo que libremente decide. Como sus padres recibieron la consecuencia de sus actos, Caín también recibió las suyas: fue maldito y sería un caminante errante en la tierra (Gn 4.11-12). Y, como con la primera pareja, Dios se acerca a Caín intentando mantener la comunicación con él. La pregunta de Caín a Dios ha resonado a través de la historia de la humanidad: «¿Acaso yo soy guarda de mi hermano?» Caín no protegió a su hermano, pero la señal de Dios sobre Caín fue una respuesta de amparo y cuidado, no de acusación. En todo este relato, vemos que Dios es consistente dando seguimiento a los propósitos buenos de su creación y, por tanto, no permite que nada ni nadie trastoque su voluntad de *shalom* (paz con justicia) y vida plena, que se propuso desde los inicios de la creación. Los seres humanos debemos poner en perspectiva las situaciones adversas que podamos enfrentar (no olvidemos que estos relatos fueron objeto especial de reflexión precisamente durante el exilio). No obstante, el texto nos dice que es posible trascender los cambios en nuestros estados de ánimo, en las situaciones críticas que experimentemos y en los intereses puramente individualistas. Nuestras acciones deben enmarcarse y orientarse en los propósitos y finalidad de Dios en la creación y en agradecimiento por el cuidado y el amor providencial que Dios ha tenido con toda la humanidad.

Las genealogías que siguen nos presentan dos grupos familiares, uno relacionado con Caín (4.17-24) y el otro con Set (4.25-5.32). La descripción de la humanidad que emerge de estas familias manifiesta tanto virtudes como problemas y debilidades. La figura de Lamec representa otro caso a través del cual la violencia continuó. Pero la providencia de Dios fue igualmente defensora con Lamec. Finalmente, las relaciones entre los seres divinos («los hijos de dios») y los seres humanos («hijos de los hombres») fueron inaceptables. Esta relación representaba otra forma de hablar del impacto que el pecado había tenido sobre todas las esferas de la vida, incluso las cósmicas o espirituales. Así se introduce el próximo tema, el diluvio.

B. El diluvio (Gn 5.1-9.29)

El tema de Noé y de la renovación del pacto se debe interpretar como la respuesta divina para controlar el ciclo de violencia en sus múltiples manifestaciones, que ha resultado del pecado de los seres humanos en todo el mundo creado (Gn 3.1-6.4). Nuevamente, es valioso comparar este relato bíblico con uno de los paralelos extrabíblicos, como la epopeya babilónica del Gilgamés. Esta epopeya está contenida en unas tablas que se fechan, aproximadamente, en el siglo VIII a. C. Hay una variedad de versiones de ellas. No obstante, cuando comparamos el texto bíblico con el Gilgamés, descubrimos otras riquezas del mensaje bíblico que no se pueden apreciar aisladamente.

El relato del Gilgamés nos presenta una situación algo parecida en su forma con el diluvio, pero significativamente diferente en su fondo. En el Gilgamés, los dioses deciden terminar con la tierra por medio del diluvio debido a que no toleran el ruido producido por los seres humanos. La diosa Ea le avisa a Utnapishtim (paralelo de Noé) de la decisión de las divinidades y le ordena construir una barca a fin de que se salve junto a su familia y los artesanos que le ayudaron en la tarea de edificación. El diluvio duró unos siete días y destruyó toda la vida en la tierra. Luego de bajar las aguas, después de un mes, la barca yace en el monte Nisir. Utnapishtim ve el resultado de la devastación y se siente muy afectado. Después de un tiempo baja de la barca y ofrece sacrificios a los dioses. Pero Enlil (uno de los dioses) no quedó satisfecho al ver que algunos seres humanos escaparon del juicio. Entonces emprende la tarea de vengarse.

Cuando comparamos este relato con el texto bíblico, las diferencias con el Dios bíblico son significativas. Dios no se proyecta, como los dioses del Gilgamés, como un déspota molesto, sino como un padre que sufre y se afecta por los resultados de las acciones de sus hijos (Gn 6.5-8). En el relato bíblico, Dios lleva a cabo el diluvio, pero le promete a Noé que renovará su pacto con él y con su familia (Gn 6.18; 8.21). Noé viene a ser el vehículo de las nuevas oportunidades de Dios. A pesar de las profundas consecuencias del diluvio, la última palabra de Dios no es de juicio, sino de misericordia y de salvación. No obstante, Dios le pone límites a la maldad de los seres humanos. Dios continúa explorando maneras alternativas de vencer el mal que aparece en múltiples formas entre los seres humanos. Es importante recordar la promesa de Dios, que jamás volverá a destruir la tierra con diluvio (Gn 8.21-22; 9.12-16). En la antigüedad, se tenía la idea de que debido a la maldad de los seres humanos los dioses estaban destinados a intervenir periódicamente para comenzar nuevamente. Así, la vida se entendía cíclicamente. En la perspectiva bíblica, es Dios quien cambia de opinión, no el ser humano. En el texto bíblico, el arco iris será la señal de que Dios no va a volver a destruir la tierra con agua. Nos parece que el centro del mensaje está, no solamente en lo que dice, sino en lo que no dice, en lo que está sobreentendido. ¿Y qué es lo que no dice? Si Dios no intervendrá destruyendo la tierra, será la responsabilidad de los seres humanos manejar y controlar su maldad. En el símbolo del arco iris en la Biblia, Dios no se lava las manos ante la maldad del ser humano. Dios se autolimita, pero continúa preguntándole a la humanidad como le preguntó a Caín, «¿dónde está tu hermano?» En el relato de diluvio, la misericordia de Dios sigue manifestándose. Hay un nuevo amanecer. Dios mantiene la fe en el ser humano (Gn 9.9). Pero el ser humano será responsable y recibirá las consecuencias de sus actos. Luego del diluvio, la imagen de Dios permanece en el ser humano: «El que derrame la sangre de un hombre, por otro hombre su sangre será derramada, porque a imagen de Dios es hecho el hombre» (Gn 9.6-7). Algunos intérpretes también han intentado emplear este texto para justificar la pena de muerte. El texto es muy realista, pero está muy lejos de afirmar la pena de muerte. El texto esta reconociendo e implicando que quien se dedique a acciones violentas probablemente terminará como objeto de otra acción violenta.

C. Pueblos en el nuevo orden y torre de Babel (Gn 9.18–11.26)

Los relatos que siguen hasta el final del capítulo 11, introducen la lista de genealogías que representan a los pueblos sobre los cuales se extiende la creación de Dios. Los hijos de Noé encabezan la transición de los relatos sobre los relatos de las familias de los antepasados de Israel. La correlación de los nombres y quienes descienden de cada cual es, más bien, general y anecdótica. Por ejemplo, de Sem surgen los semitas, los arameos, los asirios y los árabes. De Cam proceden los cananeos, los pueblos de África del norte, Egipto, Libia y Sudán. De Jafet proceden los pueblos griegos, hititas y chipriotas. A través de las acciones de los hijos de Noé, continuamos viendo ejemplos humanos de bien (Sem y Jafet, Gn 9.26-27), así como ejemplos de conducta censurable como los de Canaán (Gn 9.25). Esta narrativa comienza a anticipar las futuras situaciones conflictivas en la historia de Israel. Los especialistas encuentran problemas al tratar de identificar y asociar los nombres con las naciones. Ciertamente, parte de estos relatos sirven para legitimar la lucha y la futura sumisión que los cananeos sufrirán bajo los descendientes de Sem, los israelitas, al igual que para conectarlos con las familias que encontramos en Gn 12.3.

La lista de las naciones que aparece en Génesis 10 y 11 emplea la fórmula «después del diluvio», subrayando la diferencia entre el antes y el después de esos sucesos. Pero el interés de ambas listas de descendientes, a pesar de que distingue entre los descendientes de los pueblos, está, en última instancia, en afirmar su unidad original.

El relato de la torre de Babel en Gn 11.1-9 parece un tanto fuera de lugar después de la lista de las naciones. Sin embargo, vuelve a destacar que el pecado no ha desaparecido con el diluvio. El ser humano continúa buscando su propia gloria y descarta a Dios. La torre o el antiguo «zigurat» babilónico es símbolo de las acciones y actitudes idolátricas de esos pueblos. El empeño de estos pueblos de construir una torre constituía un desprecio a la invitación divina a llenar la tierra (Gn 1.28; 9.1), vivir en comunidad y continuar los propósitos divinos. Ante esos propósitos, el castigo de Dios es la confusión de las lenguas. Irónicamente, Dios se vio obligado a promover la división y crear separación cuando las acciones humanas tienen el propósito de crear separación y exclusión entre el resto de la creación de Dios. Entre uno de esos grupos dispersados, Dios renovó sus esfuerzos para volver a bendecir su creación en Génesis (12.3). Por ello, el final de esta sección (Gn 11.10-32) presenta, en una genealogía, la conexión directa entre las generaciones pasadas y Abram.

II. Relatos sobre las familias de los antepasados de Israel (Gn 12-50)

En esta parte nos movemos de los relatos sobre los orígenes de la creación a los relatos de las familias y antepasados de Israel. El interés de los primeros once capítulos ha girado en torno a los grandes temas como la creación del mundo, el pecado, el bien y el mal y la violencia entre los seres humanos, entre otros. No obstante, la atención principal ha recaído sobre Dios, quien bendice a toda su creación y transforma los impedimentos que han intentado obstaculizar su voluntad. Los treinta y ocho capítulos que siguen en el libro de Génesis se centrarán en tres grandes familias: Abraham, Isaac/Jacob y José, las cuales se constituirán en antepasados inmediatos del pueblo de Israel.

A. La familia de Abraham (Gn 12-25.18)

Desde el punto de vista sociológico, los relatos de las familias y de los antepasados de Israel en el libro de Génesis son, fundamentalmente, cuentos de familias emigrantes. No debemos dejar de lado que Taré había salido con su familia antes de que Dios llamara a su hijo Abraham (11.27-31). Ya ellos eran emigrantes. Aunque también se convierten en refugiados en determinados momentos de sus vidas, por razones de desastres naturales (hambruna) y porque sus vidas se ven amenazadas (Jacob huye de Esaú). La historia de Génesis culmina con los hijos de Jacob/Israel refugiándose como exiliados en Egipto. Así, ellos vienen a ser uno de los primeros grupos de refugiados que han sufrido bajo los «faraones» en la historia de la humanidad. Con el acto de liberación de Dios a través del cruce del Mar Rojo, el pueblo de Israel no pierde el status de emigrantes. (Aquí, es necesario explicar algo sobre el «Mar Rojo». Lo que el texto hebreo dice literalmente es *yom*, mar y *suf*, juncos o cañas. Por eso, algunos eruditos sugieren que no se trata del Mar Rojo, donde no hay cañas, sino de algún otro cuerpo de agua en los alrededores del delta del Nilo, cerca del Mar Rojo. Por otra parte, en lugares como 1 R 9.26 y Jer 49.21 se le llama «Mar Rojo». Y en Ex 14 y 15 se habla sencillamente sobre el «mar». La identificación de este mar con el Mar Rojo parece ser mayormente teológica y poética. Pero, en todo caso, hecha esa salvedad, de aquí en adelante nos referiremos unas veces al «Mar Rojo» y otras al «mar de los juncos».)

Durante el resto del Pentateuco, su peregrinaje por el desierto, su estadía en el Sinaí y su travesía hasta las llanuras de Moab, perpetúan ese status. De ahí, la importancia de la memoria que la Torá les instruye a cultivar con el mandato a ser sensibles ante la situación del extranjero. Siempre deberán recordar y proteger al extranjero, ya que antes fueron extranjeros en Egipto (Ex 23:9). Esa solidaridad con los vulnerables y los empobrecidos es un tema medular a través de todo el Pentateuco.

Por otro lado, desde el punto de vista literario, los relatos de estas familias son simples en su organización y siguen una estructura básica. Comienzan compartiendo una trama. Esta trama generalmente se subdivide en tres episodios: en el primer episodio, se presenta un asunto crítico, una situación que trastoca la paz de la familia o puede poner en riesgo su existencia. En el segundo episodio, el asunto presentado alcanza un punto culminante donde los protagonistas deben tomar una decisión importante para vencer en el conflicto. La tercera parte concluye el relato cuando se llega a una resolución del asunto crítico. La resolución restaura la paz a la familia y, a su vez, se entrelaza con un próximo relato, que sigue más o menos el mismo ciclo narrativo (podemos ver otros ejemplos en los libros de Rut y Ester).

Los relatos de familias que veremos en esta parte son diferentes a los relatos de la creación que leímos en Gn 1-11. Los protagonistas de las familias de los antepasados de Israel son seres humanos. En los relatos de la creación, los protagonistas aparecen mezclados entre seres humanos y otras figuras, incluso Dios. En estos relatos bíblicos, es común ver los protagonistas negociando y, en ocasiones, mediando un pacto con Dios o con otros personajes. La importancia de estos relatos es que estas familias, no solamente pasan su herencia biológica, sino que sirven de modelo sobre cómo sobrevivir cuando se enfrentan a situaciones conflictivas y adversas. Cuando los narradores describen a los protagonistas de estas familias no intentan presentarlos como modelos éticos universales, sino, más bien, motivar e inspirar a sus oyentes para que puedan imitar sus destrezas de resistencia y supervivencia para la vida. Los narradores acostumbran centrar su interés en un solo tema, sin preocuparse por otras posibles inconsistencias éticas en los protagonistas. Estos relatos nunca pretenden proyectar a los personajes como gente perfecta. En casi todos ellos, las limitaciones humanas de los personajes son evidentes. Entre las destrezas y habilidades más importantes que se destacan en los protagonistas encontramos la capacidad de negociación y la hospitalidad a extranjeros. Hay ejemplos sobre las habilidades de negociación, en Génesis 11.27-14.24). En una de esas historias, se nos cuenta que «aconteció que cuando estaba próximo a entrar en Egipto, [Abram] dijo a Sarai, su mujer: «Sé que eres mujer de hermoso aspecto; en cuanto te vean los egipcios, dirán: «Es su mujer». Entonces me matarán a mí, y a ti te dejarán con vida. Di, pues, que eres mi hermana, para que me vaya bien por causa tuya; así, gracias a ti, salvaré mi vida» (Gn 12.11-13). Hay ejemplos sobre destrezas de hospitalidad a los extranjeros en Éxodo 20.10 y 22.21 y en Levítico19.33-34. En ese contexto se ordena: «No oprimirás al extranjero, porque vosotros sabéis cómo es el alma del extranjero, ya que extranjeros fuisteis en la tierra de Egipto» (Ex 23.9). Estos relatos tienen el propósito principal de demostrar cómo los antepasados fueron modelos de resistencia y supervivencia en situaciones amenazantes a la vida familiar.

Encontramos un ejemplo concreto de esto en el primer relato de las familias antepasadas de Israel en Génesis 11.27-12.8. En este relato Taré, padre de Abraham, y su esposa salen de Ur de los caldeos para ir a la tierra de Canaán. El relato comienza afirmando la genealogía de este grupo familiar. En la antigüedad, las genealogías se empleaban en este tipo de narrativas para legitimar o dar credibilidad a los protagonistas. En este caso, la genealogía reconoce a Taré, a Abraham y a Sara como los protagonistas que pueden ejercer autoridad y liderato sobre su grupo familiar. El relato comienza reflejando una crisis o problema que enfrenta esta familia. Abraham y Sara no pueden tener descendencia. Sara es estéril. Antes de tener el encuentro con Dios ya ellos han comenzado el proceso de salida de su tierra. El punto culminante llega cuando reciben el llamado de este Dios, de salir de su tierra y su grupo familiar, a una tierra que Dios les mostrará. Dios les ofrece una tierra y la descendencia buscada por ellos. Al Abraham responder a Yavé en la afirmativa, está haciendo un pacto o una negociación con este Dios para transformar su vida comunitaria y asegurar la descendencia de su familia —además de afirmar la providencia de Dios, como correcta y tradicionalmente interpretamos este relato. Estos relatos también nos muestran otros casos donde Abraham entra en negociación con el faraón y con Lot, entre otros. Desde el punto de vista de la antropología cultural, hoy se entiende que los relatores antiguos se caracterizaban por afirmar y cultivar estas narraciones con la finalidad de enseñar cómo Dios intervenía en su pueblo. Su propósito, también, era demostrar cómo sus antepasados hacían y mantenían la paz a través de la negociación y los pactos. Basados en estas interpretaciones, algunos eruditos afirman que, aunque los hebreos no eran ricos ni guerreros, sí eran gente que hacía pactos o negociaciones.

Un recuento esquemático de la vida de Abraham se puede expresar de la siguiente forma:

- Abraham recibe el llamado de Dios: Gn 11.27-12.9
- Abraham y Sara salen a Egipto por causa de una hambruna: Gn 12.10-20
- Regresan de Egipto, y Abraham negocia con Lot la tierra donde se asentarán: Gn 13.1-18
- Abraham rescata a Lot: Gn 14.1-7, 21-24
- Encuentro con Melquisedec, rey y sacerdote: Gn 14.18-20
- Dios hace pacto con Abraham, ratificado con la circuncisión: Gn 15, 17
- Nace Ismael: Gn 16
- Dios enjuicia a Sodoma y Gomorra: Gn 18-19
- Abraham negocia con Abimelec, rey de Gerar: Gn 20
- Nace Isaac y es ofrecido en sacrificio: Gn 21-22
- Sara muere: Gn 23
- Abraham negocia esposa para Isaac: Gn 24
- Abraham muere: Gn 25.1-11

B. La familia de Isaac y Jacob (Gn 25.19-36)

Los relatos sobre Isaac y Jacob consisten en breves narrativas episódicas como las que vimos en el ciclo de los relatos sobre Abraham. Se conectan con los relatos de Abraham por medio de las promesas de Dios a este último. Estos relatos están agrupados en dos narraciones principales: Jacob y Esaú (Gn 25-28 y 32-33) y Jacob y Labán (Gn 29-31). Ambos relatos tratan sobre la familia de dos de los antepasados de Israel, Isaac y Jacob. La figura que prevalece es evidentemente Jacob, del cual va a surgir la descendencia de Israel. En el relato de la relación entre los hermanos Jacob y Esaú, Jacob va a tomar papel protagónico —igualmente, en la relación entre Jacob y su padre, Isaac. Realmente todo el relato es la narración de cómo Dios va preparando a Jacob para convertirlo en Israel.

El texto destaca el nacimiento de Jacob como el gemelo más joven que Esaú. Evoca, en ocasiones, los problemas entre hermanos que vimos en el capítulo 4, con Caín y Abel. La tensión entre estos dos hermanos gemelos se manifiesta desde que están en el vientre de la madre (25.22). Este motivo de lucha entre los hermanos continuará a través de los relatos de Génesis. El texto luego subraya que la relación de Jacob y su hermano, Esaú, llega a un punto de tensión en el cual el primero opta por tomar una decisión para enfrentar el conflicto con su hermano: entiende que debe escapar para salvar su vida. Es importante observar que aquí, como en el caso de Abraham, las figuras principales escogidas por Dios no son escogidas porque sus vidas y sus juicios éticos hayan sido perfectos. Dios está trabajando entre bastidores para desenredar toda limitación que pueda existir entre sus elegidos. El texto relata los hechos y reconoce los desaciertos y aciertos de estos personajes. El relato centra la atención en la situación de Jacob, quien, en el extranjero, se casa y tiene doce hijos. En la segunda parte de la sección, Jacob regresa y tiene un encuentro con su hermano Esaú, en el que se ponen de acuerdo y continúan sus vidas separadamente (33.1-16). La transformación del conflicto entre Jacob y Esaú fue resultado de los esfuerzos de Jacob por limar asperezas (32.3-33.16). Aunque no parece haber reconciliación, sí hay unos acuerdos para vivir en paz entre sí. Interesantemente, los especialistas advierten que la participación de la divinidad es menos prominente en esta parte que en la sección sobre Abraham. No obstante, los relatos siempre presuponen las promesas y pactos previos. Aunque no se indica el pacto de Dios con Abraham, se presupone que continúa en este relato. La promesa de crecimiento en la familia y de que tendrán tierra se anticipa aquí también (Gn 28.13-14; 35.11-12). A través de todos estos relatos, se proyecta el conflicto como cosa natural dentro de la familia. Se nos informa de conflictos entre padre y madre sobre qué hijo cada cual prefiere (Isaac prefiere a Esaú y Rebeca, a Jacob, Gen 27), y del conflicto entre hermanos (Jacob y Esaú). La posición de Dios a través de esos relatos no se indica. No obstante, el balance de no preferencia para Esaú parece confirmarse cuando se señala que Esaú tomó dos esposas extranjeras.

La relación entre Jacob y Labán, padre de Raquel, es también motivo de conflicto intrafamiliar (Gn 29-30). El texto dice que Jacob amaba a Raquel, pero en el intento de hacerla su esposa, Labán lo engaña para que se tenga que casar con Lea, su otra hija, antes que con Raquel. En este caso es Jacob, normalmente el engañador, quien resulta ser el engañado.

En otros incidentes, encontramos a Jacob enfrentando nuevos conflictos. Estos surgen entre sus esposas Raquel y Lea, hijas de Labán, por celos sobre la capacidad reproductiva de cada una de ellas. También tienen conflictos las mujeres con su padre, Labán, quien las trata como a extranjeras (31.15). El tema del engaño aparece en cada uno de estos episodios. La solución de los conflictos se encuentra a través de un pacto (31.43-55) entre Labán y Jacob. En general, los relatos de Isaac y Jacob nos informan de diversas situaciones conflictivas. A través de todas ellas, Dios va labrando el terreno para preparar su encuentro con Jacob (Gn 32.22-32) y lograr sus propósitos.

El encuentro o la lucha entre Jacob y Dios refleja la transformación en la vida de Jacob. El texto nos informa que Dios en «forma de hombre» está toda la noche, hasta la madrugada, luchando con Jacob (32.24). En el proceso de la lucha, tres rasgos característicos demuestran la transformación en Jacob: (a) su conciencia de sus limitaciones físicas (32.25), (b) su anhelo y determinación de recibir la bendición de Dios (32.26) y (c) una confesión de humildad al preguntar por el nombre de su contrincante (32.27). Luego, Dios cambia el nombre de Jacob a *Israel* que significa «aquel que lucha con Dios».

El capítulo 33 muestra que la reconciliación de Jacob/Israel con Dios lo llevó a una reconciliación con su prójimo, su hermano Esaú (33.3). El capítulo 34 nos informa de la violación de Dina, la única hija de Jacob. En el capítulo 35, se nos continúa mostrando la transformación de Jacob al exigirle a su familia que deje sus dioses o ídolos. De forma parecida a la situación entre Abraham y Lot, finalmente, en el capítulo 36, Esaú y Jacob siguen caminos distintos.

Un recuento esquemático sobre los relatos de Isaac y Jacob se puede expresar de la siguiente forma:
- Nacimiento de los gemelos Esaú y Jacob: Gn 25.19-34
- Incidentes de la vida de Isaac: Gn 26.1-35
- La bendición toma lugar: Gn 27.46-28.9
- Dios da la promesa a Jacob: Gn 28.10-22
- Jacob y Labán en conflicto: Gn 29-30
- Jacob huye de Labán: Gn 31.1-55
- Jacob tiene una visión: Gn 32.1-22
- Dios pelea con Jacob en Penuel: Gn 32
- Transformación del conflicto entre Esaú y Jacob: Gn 33
- Violación de Dina: Gn 34
- Evidencia de la transformación de Jacob/Israel: Gn 35
- Esaú y Jacob siguen caminos distintos: Gn 36

C. La familia de José (Gn 37-50)

La última sección del libro de Génesis gira en torno a la figura de José. Sin embargo, el nombre que aparece en la introducción es «Esta es la historia de la familia de Jacob» (37.1-2). Deseamos destacar la importancia del vocablo «familia» que estamos empleando. Es tradición entre los especialistas emplear el término «patriarcas» cuando se habla de Abraham, Isaac/Jacob y José. Ya hace unas décadas que se viene privilegiando entre un sector de especialistas bíblicos el término «familias». Si bien es cierto que los relatos se escriben en el marco de una cultura patriarcal, no es menos cierto que tienen que ver, fundamentalmente, con las familias de Jacob y sus descendientes —José entre ellos. Los relatos sobre las familias de Abraham y de Isaac/Jacob, a diferencia de la familia de José, presentan, como herederos, a dos figuras cada uno. En el caso de Abraham, los herederos son Ismael e Isaac, y en la familia de Isaac tenemos a Esaú y a Jacob. Sin embargo, en la familia de José tenemos doce posibles herederos que permanecen juntos, lo que abre una puerta para los posibles conflictos familiares. Algunos especialistas han caracterizado la historia de la familia de José como una historia de enajenación y reconciliación. Como la historia de Abraham y de Jacob, esta tampoco está exenta de conflictos.

Los motivos para los conflictos en esta familia se encuentran en la actitud ingenua del padre cuando el texto nos dice que «Israel amaba a José más que a todos sus hijos, porque lo había tenido en su vejez; y le hizo una túnica de diversos colores» (Gn 37.3). Para recrudecer el celo de sus hermanos, José les comparte dos de sus sueños. En ambos, él es la figura principal, y los demás le rinden tributo. No es fácil pensar que José se mostró sabio al compartir sus sueños. Pero quien lee o escucha el relato no tiene dudas de que los sueños son de Dios, quien le está indicando a José los planes que tiene para él. Los especialistas advierten que, en estos sueños, a diferencia de otros sueños que aparecen en Génesis, Dios no le habla directamente a José. Las experiencias que José tendrá serán muy amargas y difíciles. José será vendido a comerciantes que le llevarán a Egipto. No obstante, la mano de Dios siempre intervendrá para protegerlo. En Egipto, a la postre, todo se transforma en eventos positivos para José. Pero antes tiene más dificultades cuando está al servicio de Potifar, la mano derecha del faraón. Su feliz estadía junto a Potifar duró hasta que la mujer de Potifar se interesó en José. Esto le trajo profundos problemas con Potifar cuando, al negarse José a acostarse con ella, ella le acusó de tratar de abusar de ella aprovechando la ausencia de su jefe. Como resultado de todo, José termina en la prisión, trastocándose el giro positivo que había dado su vida.

Los dones de interpretación de sueños nuevamente salvan a José cuando, estando en prisión, tiene la oportunidad de interpretar unos sueños al faraón. Su situación da otro giro radical cuando viene a ser la mano derecha del faraón. Los capítulos del 42 al 50 describen los viajes de los hermanos de José entre Egipto y Canaán, buscando un modo de sobrevivir en medio de la hambruna que había ocurrido en su tierra. El punto culminante del relato se encuentra cuando, finalmente, después de una serie de encuentros con sus hermanos, José les revela quién es él. Las respuestas de José a sus hermanos evidencian cómo Dios, en su momento, redirige los planes de los seres humanos para lograr sus propósitos: «Pero José les respondió: —No temáis, pues ¿acaso estoy yo en lugar de Dios? Vosotros pensasteis hacerme mal, pero Dios lo encaminó a bien, para hacer lo que vemos hoy, para mantener con vida a mucha gente. Ahora, pues, no tengáis miedo; yo os sustentaré a vosotros y a vuestros hijos. Así los consoló, pues les habló al corazón» (Gn 50.19-21). Las situaciones familiares de alienación, finalmente, llegan a la reconciliación. La historia de José presenta las dificultades que enfrenta Dios para cumplir su promesa y el pacto que había hecho con Abraham. Siempre debemos enmarcar y entender las acciones de Dios con José (al igual que con Abraham y Jacob), en el contexto mayor de los propósitos divinos. Si bien es cierto que estos relatos son un gran aliento, esperanza y motivación para situaciones familiares particulares, no podemos perder de vista que el objetivo de Dios es el bienestar de toda su creación. No debemos quedarnos ensimismados en nuestros pequeños mundos. Dios no cesa de procurar el bienestar de todos los que viven en condiciones que no reflejan su propósito en la creación. El mensaje del Pentateuco o la Torá es la reafirmación de cómo Dios continúa su obra de salvación en la historia.

Éxodo

Capítulo 2

*D*ijo luego Jehová: —Bien he visto la aflicción de mi pueblo que está en Egipto, y he oído su clamor a causa de sus opresores, pues he conocido sus angustias. Por eso he descendido para librarlos de manos de los egipcios y sacarlos de aquella tierra a una tierra buena y ancha, a una tierra que fluye leche y miel... (Ex 3.7-8)

El texto citado nos presenta uno de los temas principales del libro. El Dios que se nos revela en el Pentateuco (así como en toda la Biblia) es el Dios que ha visto la aflicción del pueblo, ha oído el clamor debido a la opresión de los egipcios y no ha quedado indiferente ante el dolor del pueblo. Se ha hecho solidario, empático (participa y sufre junto al pueblo), ha descendido para liberar al pueblo y llevarlo a una tierra donde pueda satisfacer sus necesidades básicas —esto es, el propósito de Dios desde la creación. El mensaje principal que recibimos del libro de Éxodo nos presenta un tema que, frecuentemente, hemos reducido a la esfera emocional e individual de la persona. Pero aquí la salvación es liberación. Se nos ha hecho difícil reconocer las implicaciones y retos concretos, consecuencias sociales, comunitarias y cotidianas que nos presenta la acción de Dios en el libro del Éxodo. Decir que este Dios es nuestro Señor implica seguir y afirmar su modelo en nuestras vidas. El tema de la liberación del pueblo por Dios, sacándolo de la opresión de Egipto, junto a la revelación en el Sinaí y la participación en el pacto con Dios, son tres de los temas principales del libro que exploraremos en este capítulo.

1. Título de libro

El nombre del libro del Éxodo nos llega de la versión de la Vulgata latina (véase capítulo 1, sección: La Vulgata Latina), allí, se traduce como *salida*. Este título, a su vez, fue tomado de la versión griega de la Septuaginta LXX (véase capítulo 1, sección correspondiente) donde, también, se traduce como *salida*. En el texto hebreo el título se toma, como es la costumbre en el Pentateuco, de las primeras palabras hebreas al comenzar cada libro «*veele shemot*» o «estos son los nombres»; Éxodo 1.1 «Estos son los nombres de los hijos de Israel que entraron en Egipto con Jacob, cada uno con su familia».

2. Organización del libro

Las descripciones sobre la organización o estructura literaria del libro varían según los criterios que los especialistas empleen para analizarlo. La organización que presentamos a continuación enmarca el libro como parte de un contexto mayor, el Pentateuco:

I. La opresión en Egipto (1.1-2.22)

II. Comienzo de la liberación en Egipto (2.23-13.16)

III Salida de Egipto hacia la libertad y los retos de ser un pueblo libre (13.17-15.21)

IV. En el desierto: del Mar Rojo al Sinaí (15.22-18.27)

V. En el monte de Dios: Las bases para la nueva sociedad (19.1-24:18)

VI. El tabernáculo, pecado, restauración de Israel (25.1-40.38)

3. Géneros literarios

La forma y contenido del libro son muy ricos y complejos. A pesar de que el libro habla del pasado, no pretende ser un texto de historia. Su interés mayor es proclamar el mensaje (o *kerigma*) teológico a generaciones presentes y al futuro inmediato, sobre todo, a la generación más próxima a su forma final, que vivió durante el exilio babilónico (586-539 a. C.). El contenido de ese mensaje era anunciar cómo Dios había liberado a los antepasados, la familia de Jacob (ahora conocidos como los «hijos de Israel»), de la opresión y del sufrimiento bajo los abusos del faraón de Egipto. Esto constituía un mensaje de esperanza. Si Dios había liberado (salvado), en el pasado, a los hijos de Israel, en el presente (el presente de quienes escuchan el mensaje del Éxodo), también lo hará. En el libro encontramos varios géneros literarios que enriquecen grandemente su contenido. Entre ellos, encontramos dos grandes géneros: las narraciones y las tradiciones legales (leyes o instrucciones). A las narraciones, que tienen que ver con el origen o nacimiento de figuras principales como Moisés (2.1-10), se le llama sagas. También vemos genealogías (1.1-5; 6.14-27), censos (30.13-16) y teofanías o apariciones de la divinidad (19; 33.19-23). Hay también himnos (15.1-21), liturgias para la celebración de la pascua (12.1-13.16), listas (25.1-31.11; 35.4-40.33) y leyes o instrucciones sobre el culto, ritos y ceremonias religiosas (21.1-23.19), entre otros géneros. Esta variedad de géneros se entrelaza de tal manera, que todos llevan un mensaje continuo de la acción de Dios en la historia de Israel. Tres de los temas más significativos en el libro del Éxodo son la liberación del yugo de Egipto, la revelación de la Torá y el pacto en el Sinaí.

4. Resumen del libro

En su forma final, tal como lo encontramos en el canon del Antiguo Testamento hoy, el libro del Éxodo se debe interpretar como parte de una obra más amplia, que comienza en el libro del Génesis y se extiende hasta el de Deuteronomio.

La pertinencia de su mensaje no se ha limitado al antiguo pueblo de Israel y a la comunidad judía, puesto que también la comunidad cristiana lo ha entendido como parte de las acciones de Dios en la historia. Los escritores del Nuevo Testamento obtuvieron mucha de su inspiración de este libro, que les sirvió de guía para interpretar la vida de Jesús. Por ejemplo, el Evangelio de Mateo emplea la metáfora de la salida de Egipto aplicada a Jesús: «De Egipto llamé a mi hijo» (Mt 2.15). La fiesta de los panes sin levadura y de la liberación del pueblo por parte de Dios contra los poderes del Faraón, en Éxodo 12 y 15, se encuentran tras varios mensajes del Nuevo Testamento sobre la pascua y la resurrección de Jesús (por ejemplo, Mt 26.17-30). Luego, la pertinencia del libro no se reduce al pasado, sino que tiene un valor en el presente.

I. La opresión en Egipto (Ex 1.1-2.22)

El comienzo del libro del Éxodo nos ofrece un resumen del cumplimiento de las promesas que Dios había hecho en la creación del mundo (Gn 1.27; 12.1-3), y luego a los antepasados de los israelitas (Gen 46.1-27), durante su estadía en Egipto.

Parte de las promesas de Dios en el Génesis se ven cumplidas al comienzo del libro del Éxodo (Ex 1.1-7). El llamado «fructificad y multiplicaos» (Gen 1.28) y la promesa a Abraham de que tendría descendencia (Gn 12.3) se confirman y cumplen a través de varias afirmaciones —por ejemplo, cuando nos dice que el pueblo llegó a ser numeroso y fuerte en extremo y cuando se recalca la sabiduría y la acción de las mujeres hebreas en el proceso de la multiplicación y crecimiento del pueblo (Ex 1.15-2.10). Irónicamente, esta promesa enfrentó de inmediato la amenaza del faraón a través de su política pública de opresión en contra de los grupos de los trabajadores pobres.

Por otro lado, el texto nos informa cómo el crecimiento de los hijos de Israel desata en el nuevo faraón un sentido de amenaza a su «seguridad nacional». Ante aquella percepción de amenaza, el faraón intentó obstaculizar el crecimiento del pueblo con medidas genocidas a como diera lugar. La falta de conocimiento del faraón es evidente y patética. Su deseo de tener más poder y de controlar la población nunca se satisface. El faraón refleja desconocimiento total de la labor de José, uno de los antepasados del pueblo al que ahora oprime, así como lo que el pueblo estaba contribuyendo a Egipto, durante aquel tiempo, a través de su trabajo (1.18-20). El faraón intentó emplear a las parteras, mujeres hebreas trabajadoras, para frenar el crecimiento del pueblo. Pero la creatividad, la sabiduría y la solidaridad con los valores de justicia para con su pueblo llevaron a estas mujeres a resistir y a responder al faraón con gran astucia.

Durante todo este tiempo, una de las acciones más significativas de Dios para enfrentar la situación de opresión fue a través del llamado de Moisés al liderato. Moisés era hijo de una mujer hebrea y descendiente de una familia levítica, pero educado en la cultura y el palacio egipcios. Providencialmente, Moisés se crió en los alrededores del palacio del mismo faraón, gracias a la mediación y a las acciones atrevidas y arriesgadas de varias mujeres —entre ellas, su propia madre y la hija del faraón. Desde joven y sin saberlo, nos dice el texto bíblico, Moisés empezó a servir de medio para lograr la liberación del pueblo. Moisés demostró muy tempranamente su sensibilidad y compromiso respecto a asuntos de justicia. Su intervención en el castigo de un hebreo fue evidentemente reflejo de sus valores (2.11-19). El texto no nos dice las razones que llevaron a Moisés a intervenir. No nos parece que pudo haber sido una conciencia israelita, pues él no había recibido tal educación en su niñez. Creemos, más bien, que las acciones de Moisés manifestaron los valores por la justicia que el mismo Dios había inspirado a todos los seres humanos creados a su imagen y su semejanza desde la creación.

Luego de ese y de otros incidentes parecidos, Moisés tuvo que huir a la región de Madián para evitar que el faraón hiciera realidad la amenaza de muerte que había pronunciado contra él. En Madián, Moisés también salió en defensa de Séfora, una de las hijas de Jetro —también llamado Reuel—, sacerdote de Madián. Eventualmente se casó con ella y tuvo un hijo llamado Gersón (2.20-22).

II. Comienzo de la liberación en Egipto (Ex 2.23-13.16)

El capítulo dos concluye volviendo a señalar las condiciones de opresión en que vivía el pueblo en Egipto. Aunque el faraón anterior ha muerto, las condiciones de sufrimiento y opresión no han cambiado. El texto nos dice que Dios oyó el gemido del pueblo, se acordó de su pacto con los descendientes de Abraham, Isaac y Jacob, y los tuvo en cuenta (2.23-25). Los especialistas observan que el texto no dice que el gemido estaba dirigido a Dios. El gemir y el clamor del pueblo eran el resultado de una expresión comunitaria por el dolor que experimentaban. No obstante, el texto subraya que el clamor de ellos subió a Dios. Desde los orígenes de la historia, este Dios ha estado atendiendo y respondiendo a la situación humana (Gn 3.21; 4.15, 24). En solidaridad con el dolor de un pueblo que todavía no lo conoce ni le sirve, y mucho menos ha hecho pacto con Él, Dios se conmueve, se compadece, desciende y actúa a favor de ellos (3.7-8, 16-17). A través de todo el mensaje que vemos en el Pentateuco, Dios está actuando para lograr sus propósitos. Su acción continúa al servicio y en fidelidad a sus propósitos y promesas desde la creación del mundo.

La experiencia de Moisés, mientras cuidaba el rebaño de su suegro, de ver un arbusto que ardía sin consumirse, debió de ser extraordinaria. Muy pronto, Moisés se dio cuenta de que la experiencia era mucho más que un fenómeno sorprendente. Su curiosidad le llevó a explorar de qué se trataba. Es allí que Dios lo interpela para hacerle entender lo incomparable de la naturaleza del suceso. Lo primero que Dios le indica es que no se acerque con los pies calzados, ya que estaría pisando tierra santa. En otras palabras, aquella experiencia no era un incidente cotidiano más. Dios quería asegurarse de que Moisés entendiera aquel evento de manera diferente. Ciertamente, la experiencia no pretendía ser un fin en sí mismo, sino que servía de medio para alertar a Moisés al llamado tan particular que este Dios le estaba haciendo. De inmediato, Dios se le identificó a Moisés como el Dios de Abraham, Isaac y Jacob. Quizás, con estos nombres, ahora, Moisés podía empezar a poner en perspectiva aquel asombroso acontecimiento. En última instancia, Dios llama a Moisés a ser un mensajero suyo ante el faraón. Moisés viene a ser la primera persona en la historia del mensaje bíblico que recibe este llamado.

La experiencia no se debía reducir a una vivencia mística o religiosa más. El evento procuraba dar a conocer el carácter único y diferente de este Dios, que actuaba a favor del pueblo. Moisés podía empezar a unir «cabos sueltos». El Dios que se le revelaba no sólo actuaba en completa libertad y soberanía, sino que su libertad y su soberanía estaban al servicio de la liberación del pueblo que estaba sufriendo bajo el sistema de opresión del faraón egipcio. Esta revelación de Dios reflejaba que su naturaleza misma estaba íntimamente relacionada con sus actos de servicio y su interés por lograr la vida plena de su creación, como lo había expresado desde los orígenes en el libro de Génesis. Lo fundamental del mensaje que Dios revelaba no era meramente que Dios es libre y soberano para crear y actuar. Había muchos dioses, reyes y gobernantes en aquella época (así como en la nuestra) que reclamaban ser soberanos y poderosos. Sin embargo, este Dios está interesado en diferenciarse y dejar meridianamente claro a qué propósitos o a qué fines sirven su libertad y su poder. Su soberanía y poder estaban al servicio del propósito que él mismo había revelado desde la creación del mundo: la vida plena de toda su creación.

Los verbos que el texto le aplica a Dios en Ex 3.7-8, 16, 17 son: **ver** la aflicción, **escuchar** el clamor, **estar consciente** de los sufrimientos del pueblo y **descender** para liberar. Ciertamente, este Dios que se revela a Moisés y que se reveló a los antepasados de los hijos de Israel era diferente a las divinidades conocidas en aquel entorno cultural. De hecho, en 3.7 es la primera vez en el texto bíblico que se identifica explícitamente a Israel como pueblo de Dios. La expresión que se emplea es «mi pueblo». Hemos visto las múltiples formas en que Dios está descendiendo para terminar con la opresión del pueblo. La tarea de Dios, a través del envío de su mensajero Moisés al faraón, implica una acción sociopolítica. ¿No será la acción divina de **ver, oír, conocer** y **descender** un buen modelo que su pueblo ha de incorporar en su servicio en situaciones de sufrimiento? En los casos de opresión y amenaza a la vida del pueblo, Dios no busca equilibrar, ni reformar la situación de injusticia, sino cambiarla radicalmente y llevar a una relación de justicia.

No obstante, el llamado se realiza a través de un proceso dialógico. Dios respeta el sentir de Moisés. Moisés tiene espacio para reflexionar sobre su llamado, para expresar sus temores y su percepción sobre sí mismo. Moisés, ciertamente, comienza subestimándose y cuestionando su capacidad para enfrentarse al faraón y para dirigir al pueblo en una hazaña tan desafiante y riesgosa. Dios, con gran respeto y paciencia, escucha y respeta sus manifestaciones, pero lo desafía y le indica que lo acompañará y que estará con él en todo momento.

Más adelante, Moisés parece reconsiderar algo su decisión y le pregunta a Dios: «¿Qué le responderá a los que le pregunten sobre el nombre de Dios»? Entonces recibe una de las respuestas, de parte de Dios, que más ha sido estudiada en la historia de la interpretación del Antiguo Testamento, Éxodo 3.14: «Yo soy el que soy». Y añadió: —«Así dirás a los hijos de Israel: ‹Yo soy› me envió a vosotros». Esa expresión se puede traducir de varias otras formas. Por ejemplo, la palabra que se emplea es un verbo que traduce por *ser o estar*, y representa la primera persona singular «yo» en imperfecto. En hebreo, el imperfecto se puede traducir como presente o como futuro. El nombre de Dios que encontramos aquí se conoce como el *Tetragrammaton*, pues consiste de cuatro consonantes hebreas, que fonéticamente podríamos traducir como YAVE. En la traducción que indicamos arriba, el imperfecto se traduce como presente, «Yo soy el que soy». Ahora bien, se puede traducir como futuro: «Yo seré el que seré», o como una combinación de ambos: «Yo soy el que seré». Esta última alternativa es la que nos parece más pertinente en este contexto para intentar conocer o entender algo de este Dios que se le revela a Moisés y al pueblo. Desde esta perspectiva, el significado y el valor del nombre de Dios no descansan meramente en el aspecto filosófico del nombre, sino en su presencia práctica, activa y concreta. Él será Dios para ellos en todo momento. Dios demostrará quién es estando (viviendo y sufriendo) con el pueblo (véase 3.12; 4.12, 15; 6.7; 29.45). Dios demostrará quién está siendo a favor de ellos, liberándoles de la opresión concreta en la que viven. Dios será fiel a quien Él es. Israel no deberá temer a un dios caprichoso ni arbitrario, pues Yavé es fiel. Con esta respuesta, Dios no solamente enseñó teóricamente sobre quién era Él, sino que lo modeló. Al ofrecernos su nombre, Dios se hizo accesible. Pero también se hizo vulnerable en tanto y en cuanto el pueblo, ahora, lo podía rechazar.

A pesar de que Moisés continúa dudando y temiendo que el pueblo lo pueda rechazar, Dios le muestra varias señales para que pueda tener credibilidad frente al pueblo. Finalmente, Moisés presenta dos argumentos para no responder al llamado (véase Jer 1.6). El primero tenía que ver con sus limitaciones en la comunicación y falta de elocuencia, y el segundo le propone a Dios que envíe a otra persona. Dios rechaza ambos argumentos y nombra al hermano de Moisés, Aarón, quien, junto a Moisés, será el portavoz ante el pueblo y ante el faraón.

Después de la experiencia extraordinaria y del llamado en Madián, y aunque el faraón que lo buscaba ya había muerto, el regreso de Moisés a Egipto estuvo lleno de retos y desafíos. El texto nos informa de otra serie de señales y sucesos que Dios le da a Moisés, para que les presente al nuevo faraón y al pueblo como confirmación de la tarea que está llamado a realizar. Luego de recibir permiso de su suegro Jetro para regresar, Moisés viaja junto a su esposa e hijos a Egipto. En el proceso, se reúne con su hermano Aarón y le comparte toda su experiencia. Los dos, entonces, convocan a los ancianos de los hijos de Israel para informarles de los planes divinos, y los demuestran con actos que confirman que el mensaje viene de Dios. Aarón sirvió de portavoz de Moisés frente al pueblo. En respuesta al mensaje divino, el pueblo se postró y adoró al Señor.

El encuentro de Moisés y Aarón con el faraón no logró lo esperado. Al faraón no conocer a Dios, no reconoce su autoridad para hacer reclamos. En lugar de dejar ir al pueblo, el faraón intensificó sus medidas opresivas. Irónicamente, esto ocasionó que los trabajadores hebreos resintieran y percibieran a los mediadores, no como liberadores, sino como los causantes de más opresión por parte del faraón. Ahora es Moisés quien resiente la acción del faraón y le reprocha a Dios lo sucedido (6.22-23). La unidad literaria termina con Dios confirmándole a Moisés la acción que tomará contra el faraón. Esta expresión de ambivalencia y sufrimiento de parte de Moisés se ve, también, en el profeta Jeremías (12.1-6; 15.16-18; 20.7) y en los Salmos (por ejemplo, el 73).

El texto que leemos en 6.2-13 representa una confirmación del llamado de Dios a Moisés. En esta ocasión, Dios le hace un recuento de cómo se ha revelado antes con el nombre hebreo *El Shadai* o «el Dios todo poderoso», pero no con su verdadero nombre, *YHWH* (véase Ex 3). En esta unidad, Dios le reafirma que cumplirá su promesa y su pacto con el pueblo, y que le dará la tierra prometida. Estos temas eran muy pertinentes para las comunidades que releyeron este mensaje durante el exilio. Estos lectores recobrarían esperanzas cuando se les confirmara que Dios podría renovar el pacto que, por la infidelidad del pueblo, se había invalidado. El capítulo termina reiterándole el llamado a Moisés para que le hable al pueblo y al faraón. La respuesta de Moisés es de frustración, pues declara que no le hagan caso, que no tiene autoridad y que es muy torpe para hablar. No obstante, Dios insiste en su llamado.

El capítulo y el argumento de Dios se interrumpen con la presentación de una lista de los nombres de los antepasados del pueblo, hasta concluir con Aarón y Moisés.

A esto sigue una sección (Ex 7.1-12.32) en la que se describen, mayormente, las plagas que Dios envía a Egipto (7.14-11.10; 12.29-32). Dios ha estado procurando resolver el problema mediante la negociación a través de Moisés. Ahora comenzará a actuar de manera portentosa. En la primera parte (7 1-7), Dios les repite su orden a Moisés y a Aarón, pero también les indica que endurecerá el corazón del faraón. Finalmente, los egipcios dejarán salir al pueblo después de unas profundas experiencias de sufrimiento.

Las primeras señales que Moisés y Aarón ofrecen con el bastón que se convierte en serpiente son emuladas por los sabios y los magos del faraón. Aunque el bastón de Aarón se comió el bastón (la serpiente) de los sabios y magos del faraón, el faraón permaneció impasible e indiferente ante las señales.

La promesa del castigo al faraón se cumplirá a través de diez plagas o señales prodigiosas. Con el desarrollo progresivo de las plagas, Dios comienza a revertir el poder del faraón. Algunos especialistas han descrito las plagas como consecuencias de la perturbación en el orden de la creación por el pecado del sistema faraónico de explotación. El caos que se produce en la creación por causa de la opresión y el egoísmo del faraón produce un disloque del orden en el que Dios ha trabajado continuamente, en pro de la plenitud de vida de su creación. Si fuéramos a actualizar el mensaje del texto hoy, ¿no podríamos comparar las plagas con los desastres ecológicos mundiales resultado de las decisiones de los sistemas de los «faraones» modernos que, obstinados por sus intereses y ganancias corporativas y personales, no consideran los daños de sus políticas económicas a la creación? El mensaje del texto bíblico es claro y transparente: quienes viven opuestos a los propósitos y valores de Dios tendrán que enfrentar la consecuencia de sus actos. Nosotros en el siglo 21 también somos testigos de esos desastres ecológicos (o plagas modernas) por causa de los faraones modernos que no tienen escrúpulos en la explotación de la naturaleza, de los pobres y de los más vulnerables entre las naciones.

En esta sección, se nos habla de las primeras nueve plagas. No obstante, el texto destaca que el propósito divino no es meramente la revancha o la destrucción del faraón, sino que, a través de esos actos portentosos, el pueblo conozca el verdadero carácter del Dios creador y liberador que está con los indefensos (7.5). Esto se confirma cuando vemos el empleo repetitivo del verbo *conocer*, que aparece repetidamente en estos textos (6.7; 7.5, 17; 8.10, 22; 9.14, 29; 10.2; 11.7; 14.4, 18).

El impacto de las plagas va acrecentándose hasta llegar a la última. La primera plaga fue el cambio del agua en sangre (7.14-25). La segunda plaga, la invasión de ranas (8.1-15), mueve al faraón, quien acepta algunos reconocimientos a Dios, pero luego de pasado el peligro, vuelve a su endurecimiento de corazón (8.15). La tercera es la invasión de mosquitos (8.16-19); la cuarta, la invasión de una variedad de insectos (8.20-32); la quinta, una enfermedad sobre el ganado (9.1-7); la sexta es que las cenizas se convierten en polvo y este produce llagas en los humanos y en los animales (9.8-12); la séptima es la plaga de granizo (9.13-35); la octava es de langostas (10.1-20) y la novena produce una oscuridad que no permite ver (10.21-29). A pesar de todas estas plagas y señales, el faraón permaneció impasible e intransigente. En parte, esto explica la expresión bíblica de que «Dios endurece el corazón del faraón». Estudios especializados del texto destacan que esta expresión realmente significa que, ante la testarudez y obstinación del faraón a reconocer el mal que está ocasionando a su pueblo y al pueblo de Israel, se llega al punto en que ya no es posible retornar. Ese punto de no retorno no está originado por Dios, sino por la intransigencia del mismo opresor. Cuando se alcanza ese nivel, Dios sella el destino del opresor. En otras palabras, el costo de la opresión del faraón se expresa en el texto de dos maneras: el endurecimiento de su corazón y la muerte de los primogénitos de Egipto.

El capítulo doce ofrece los procesos para observar la pascua. Encontramos más información en Levítico 23.5-8; Números 28.16-25 y Deuteronomio 16.1-8. El término hebreo para pascua es *pesah* y significa «pasar sobre». Su significado se explica en el texto mismo: «Y cuando os pregunten vuestros hijos: ‹¿Qué significa este rito?›, vosotros responderéis: ‹Es la víctima de la Pascua de Jehová, el cual pasó por encima de las casas de los hijos de Israel en Egipto, cuando hirió a los egipcios y libró nuestras casas. Entonces el pueblo se inclinó y adoró›» (Ex 12.26-27). La pascua no es una expresión de la falta de compasión de Dios, sino su rechazo e inconformidad ante el abuso y la opresión del régimen insensato del faraón. En tiempos de Jesús, ¿nos podemos imaginar cómo se debía sentir el liderato romano cada vez que el pueblo judío se reunía para celebrar la fiesta de la pascua? Si este Dios había dado muerte a los primogénitos del faraón por causa de la opresión a su gente, ¿por qué no haría lo mismo con los romanos que eran los nuevos opresores de su pueblo? Para los cristianos, la comprensión de este rito es central para entender la vida de Jesús y la fe cristiana. El significado de la Semana Santa no se puede comprender cabalmente sin entender la cena en la fiesta de la pascua que Jesús, tan cuidadosamente, planificó celebrar en Jerusalén durante su última semana de vida antes de la crucifixión.

La plaga final es la más dura y radical. Nos dice el texto que a la medianoche Dios pasaría y heriría de muerte al hijo mayor de cada familia egipcia, al hijo mayor del faraón y a las primeras crías de los animales. Esta plaga nos puede llevar a preguntarnos por qué tanta violencia. Irónicamente, esta plaga produjo lo contrario de lo que el faraón quiso hacer con los niños hebreos a través de las órdenes a las parteras hebreas, la liberación del pueblo. La escena es dantesca y causa espanto. Pero no podemos perder de vista el origen de esta situación. Son la violencia y la maldad del faraón las que han creado el ciclo de violencia que finalmente lo ha alcanzado a él mismo y a todos los demás que están a su alrededor.

Se pueden sacar muchas enseñanzas de este texto. Aquí nos interesa destacar, por lo menos, una de ellas: no es posible crear y fomentar culturas de violencia (de cualquier tipo que sean) y después pretender estar ajenos y aislados de ellas. Las consecuencias de nuestras propias violencias las recibimos tarde o temprano. Estamos experimentando la violencia contra la naturaleza y contra nosotros mismos en nuestros centros urbanos y en toda la ecología.

El pueblo finalmente fue liberado de Egipto, y salió de Ramsés a Sucot. El texto nos dice que salieron como seiscientos mil hombres de edad militar, sin contar mujeres y niños. Algunos especialistas sugieren que el término hebreo se puede traducir, en lugar de «miles», como «clanes» o «familias». En tal caso, estaríamos hablando de unos 600 clanes o familias —cifra que tampoco es pequeña. Un dato importante es que el texto destaca que muchísima gente de toda clase salió con ellos. Este señalamiento, «gente de toda clase», nos confirma que el pueblo era muy heterogéneo y multicultural (12.38). Es importante recordar que desde que la familia de Taré y Abraham salió de «Ur de los caldeos» siempre fue un pueblo diverso de inmigrantes. Desde los orígenes, este pueblo multicultural recibió el llamado y la promesa por pura gracia de Dios. No habían hecho nada para merecer el llamado ni la promesa de Dios. Ahora, este Dios nuevamente se solidariza con el sufrimiento de este pueblo y le ofrece la liberación de la opresión en Egipto. Después de los años de esclavitud en Egipto, el pueblo comienza la marcha hacia su libertad.

Debido a que la multitud que acompaña al pueblo es tan diversa, el texto da instrucciones sobre cómo, cuándo y quién podía participar en el ritual de la pascua. El Nuevo Testamento se apropia de este texto (Ex 12.46) en las instrucciones sobre el cordero en el Evangelio de Juan 1.29, 36, 1 Pedro 1.19 y en 1 Corintios 5.7 —todo aplicado a Jesús. La atención en estos textos no se reduce a afirmar la obra salvadora del nuevo cordero, sino que incluye el desafío ético a quienes han recibido al Salvador.

III. Salida de Egipto hacia la libertad y los retos de ser un pueblo libre (Ex 13.17-15.21)

La ruta que los hijos de Israel toman al salir de Egipto hacia Canaán es estratégica para evitar que el pueblo se arrepienta frente a los retos que verá en el camino. Moisés lleva los restos de José para responder a la promesa que el mismo José había formulado (Ex 13.19). Dios nunca se apartó de ellos, sino que estuvo guiándoles a través de la columna de nube durante el día y la columna de fuego en la noche.

Uno de los momentos más dramáticos en todo esto es la liberación a través del cruce del mar de los juncos —o Mar Rojo. El capítulo 14.13-14 destaca una de las ideas y convicciones que prevalecen durante todo este tiempo: «Dios peleará por ustedes». Aunque el pueblo tenía que tomar acciones de preparación y de resistencia, era Dios quien pelearía por ellos. Este lenguaje de guerra y de lucha tristemente ha sido objeto de abuso y distorsión a través de la historia por parte de diversos sectores, tanto entre las naciones autodenominadas «cristianas», como por representantes de las iglesias (las llamadas «guerras santas» y muchas guerras contemporáneas), para justificar todo tipo de conquistas, guerras y violencia. Debemos destacar que el interés central del mensaje en estos capítulos (14 y 15) no es glorificar y presentar un dios guerrero y violento, como los que aparecen en otros escritos babilónicos de la época —por ejemplo, el *Enuma elish*. Al contrario, su propósito es mostrar el rechazo radical de este Dios contra las acciones que llevan a cabo personas y pueblos para oprimir y explotar a otros. Así, este evento es el ejemplo central en el Antiguo Testamento de buenas noticias que ofrecen esperanza a todos aquellos que se encuentran como se encontró el pueblo de Dios. Ahora pueden tener la certeza de que Dios tomará partido por ellos e intervendrá para transformar su situación concreta de opresión. El evento de la liberación ofrece una definición operacional de lo que es el significado integral de la salvación que este Dios provee. Los israelitas fueron comprendiendo que la salvación tenía resultados concretos en todas las esferas de la vida social, política y cotidiana del pueblo.

No es correcto reducir la acción de Dios a las mal llamadas «dimensiones espirituales». Digo «mal llamadas», porque en su sentido más profundo la palabra «espiritualidad», desde la perspectiva bíblica y teológica, incluye todas las áreas de la vida: lo social, lo económico, lo político, lo comunitario, lo personal, lo emocional, lo sexual, etc.

Todas esas dimensiones de la vida están incluidas en la dimensión de la espiritualidad. A través de este acto salvador, Dios nos ofrece un ejemplo fundamental de su compromiso con el logro de la plenitud de la vida que él siempre deseó para toda su creación. Este acto también identifica a este Dios con el Creador de Génesis. De la misma forma que creó y transformó el caos, Dios ahora tiene poder sobre esferas cósmicas y naturales para que las aguas del mar se abran y el pueblo pueda encontrar vida en la liberación del yugo del faraón.

El capítulo 15.1-21 es una canción de victoria de parte de Moisés y Miriam. En ella, alaban a Dios por todos los actos portentosos que ha hecho.

IV. En el desierto: del Mar Rojo al Sinaí (15.22-18.27)

La fragilidad y la corta memoria del pueblo se manifiestan en sus respuestas, actitudes y comportamiento en el desierto. Los especialistas han explorado el significado de la idea o el concepto «desierto» para Israel, así como para las comunidades cristianas. Este no se redujo a un lugar desolado, de condiciones inhóspitas, sino que evoca también un tiempo, un espacio para la reflexión y la meditación de sus vidas y su relación con su Dios.

Tras apenas tres días de camino, al llegar al desierto de Shur, el pueblo enfrenta la primera crisis por la falta de agua. Observamos que ocurre un cambio de actitud y de ánimo en el pueblo después de la celebración de la liberación en 15.1-21. Las quejas y murmuraciones sustituyen a la gratitud y la celebración de lo que Dios ha hecho con ellos. La memoria del pueblo, evidentemente, era muy corta. En Mara, el lugar donde ahora ha llegado el pueblo, el agua no se puede beber, pues es amarga. El pueblo no parece recordar el Dios que recién lo ha liberado de Egipto, pierde su confianza y se queja ante Moisés. Moisés intercede y las aguas milagrosamente se restablecen o se hacen potables. El pueblo continúa su travesía hacia Elim, donde encuentran suficientes pozos de agua y un lugar adecuado para descansar. En todo momento, se nos muestra que Dios responde, no por las murmuraciones del pueblo, sino a pesar de esas murmuraciones. Dios es fiel a su promesa.

El incidente del maná y las codornices se convierte en la primera prueba significativa que enfrenta Israel después de la liberación de Egipto. Con esta prueba, se enseña cómo deben de valorar y seguir las instrucciones que Dios les provee. El maná era un producto típico del desierto, y sólo se podía recoger por la mañana. Las codornices se asocian con un tipo de ave que durante cierto tiempo del año realizaba su larga travesía por el desierto. Muchas codornices eran llevadas por los vientos y, agotadas, caían al suelo como presa de cazadores (Nm 11.31-34).

Uno de los aspectos más importantes del relato radica en las instrucciones que Dios les da sobre cómo recoger y administrar estos alimentos y bienes. El maná era la provisión divina para llenar las necesidades fundamentales de la gente. Cada cual debía recoger lo que realmente necesitaba. No debían recoger de menos, ni tampoco de más. El maná no se podrá acumular, excepto los viernes, cuando se debía tomar la porción para el sábado. Todo lo que se recogía para propósitos de acumulación se dañaba. La práctica de guardar y acumular se asociaba con las vivencias a las que habían estado sujetos los mismos israelitas en Egipto, fabricando ciudades de almacenaje para los propósitos del faraón (1.11-14). Sin embargo, en el pueblo de Dios no hay espacio para quienes se quieran pasar por listos. El texto se ocupa en destacar que las personas no podrán ni deberán manipular las bendiciones de Dios. El regalo y la bendición de Dios no se podrán usar como un bien privativo para almacenar, ni para especular y sacar provecho personal de él, como hacían los opresores faraónicos.

Algunos especialistas han propuesto que, a la luz de este texto bíblico en la economía de Dios, se hace juicio sobre los conceptos de «demasiado» y de «muy poco». Así, dicen que en el pueblo de Dios debe haber espacio para una «teología de lo suficiente». La «teología de lo suficiente» reconoce que el ser humano tiene necesidades, pero también que esas necesidades tienen sus límites. Las necesidades se deben de suplir, sí; pero con lo «suficiente» y no con lo «demasiado». Desde esta perspectiva, la acumulación excesiva causa daño. No es la voluntad de Dios. Esta práctica priva a otros seres humanos de los recursos necesarios para vivir vidas plenas. Para quienes viven para acumular sin límites, la vida se reduce a la ostentación y a la obsesión de acumular bienes y recursos. Tarde o temprano la avaricia y el egoísmo les enferman y destruyen. Tal era el sistema egipcio. No había límites para lo que las personas (mayormente los poderosos como el faraón) podían acumular, sin importar que privasen al pueblo de sus necesidades esenciales. En el sistema egipcio, como en muchos otros sistemas económicos modernos de libre mercado, lo único que vale es la «teoría de la acumulación». La consigna es «acumula, acumula y adquiere lo máximo que puedas lo más pronto posible y con el mínimo esfuerzo». Irónicamente, para los sistemas de acumulación sin límites, vivir con lo suficiente es un pecado. Para ellos, el límite es el cielo, y no deben existir límites en la acumulación de bienes y riquezas. Todo esto, sin que importe el que dos terceras partes de la humanidad carezca de sus alimentos básicos.

A la luz de este texto en el pueblo de Dios no se deberá seguir un sistema como el egipcio. El pueblo deberá confiar para llenar sus necesidades en el Dios que ya ha probado ser fiel al responder a esas necesidades, y lo mostró a través de la liberación de Egipto (Nm 11; Dt 8; Jos 5.12; Neh 9.20; Sal. 78.24). A la luz de la descripción anterior, algunos especialistas han explicado que lo valioso e importante de la primera prueba de Israel, después de salir del Sinaí, no fue el milagro de la alimentación, ni tan siquiera la necesidad de confiar en Dios, pues esas eran verdades que no estaban en juego. La enseñanza de más importancia en este texto es seguir las instrucciones y modelos de Dios (Ex 16.4). La prueba del maná los exponía a un método de vida diferente al del sistema faraónico de acumulación de bienes (Ex 16.6). Cada familia debía mantener un estilo de vida guiada por los valores del Dios que los salvó (16.16-18).

El Nuevo Testamento también recoge este sentir de confianza en la provisión de Dios en Mateo, cuando nos dice: «No os angustiéis por vuestra vida, qué habéis de comer o qué habéis de beber; ni por vuestro cuerpo, qué habéis de vestir. ¿No es la vida más que el alimento y el cuerpo más que el vestido?» (Mt 6.25). También en el Nuevo Testamento recibimos orientación sobre la administración de los alimentos (2 Co 8.13-15). Desde el libro de Génesis, Dios enseña sobre cómo debemos ser buenos mayordomos de los bienes que son su regalo.

La falta de agua, la falta de alimentos, pero, sobre todo, la corta memoria del pueblo, serán motivos de constante murmuración, queja y problemas para el pueblo (17.1-7). Ahora lo observamos cuando acampan en Refidim y Dios responde a través del milagro en la roca en el monte Horeb. El versículo 7 destaca otra actitud peligrosa que el pueblo manifiesta. Intentan controlar a Dios «¿Está Dios entre nosotros o no?» Esta actitud procura hacer de Dios un siervo al que puedan controlar. ¿No es esto una tentación para nosotros también?

Otra prueba de la providencia divina en el desierto se evidencia en la guerra contra los amalecitas (17.8-16). Según Deuteronomio (25.17-19), los amalecitas atacaron cuando Israel estaba cansado y sin fuerzas. Los amalecitas simbolizan las fuerzas del mal, y se asocia su ataque con la acción pasada del faraón. Aunque todavía el pueblo está en el desierto, en una situación que se ha comparado con el tiempo de su adolescencia, Dios continúa con ellos. El incidente termina tomándose como señal de futuras amenazas y situaciones críticas (Isa 49.22).

La sección continúa con el encuentro y las instrucciones de Jetro, suegro de Moisés (18.1-27). Los primeros doce versículos presentan el encuentro entre Jetro y Moisés. Moisés comparte con Jetro los hechos misericordiosos y liberadores que Dios ha hecho por Israel, y Jetro concluye alabando a Dios. El versículo 11 presenta una confesión interesante de Jetro, quien declara que ahora conoce que Dios es más grande que todos los dioses. Hasta el momento, Jetro, como sacerdote de Madián, nunca se había asociado con el Dios de los antepasados de Israel. Aquí podemos ver que Jetro, después de conocer los hechos de la liberación del pueblo por Dios, hace un reconocimiento público de identificación —o, si queremos, de «conversión»— al Dios de Moisés. Los especialistas afirman que aquí se cumple la promesa de Dios a Moisés en Éxodo 9.16, que él anunciaría el Nombre de Dios en toda la tierra. De igual manera, podemos comprender la razón por la cual muchas otras personas salieron de Egipto junto al pueblo (Ex 12.38). Como Jetro, que después de conocer los actos salvíficos de Dios se identificó con Dios, aquella multitud también se pudo unir de la misma forma.

La sección final (18.13-27) ofrece un ejemplo de la relación que debe existir entre la vivencia de la liberación o salvación, el reconocimiento y agradecimiento a Dios por esa liberación, y la disposición del pueblo a organizarse para mantener y cultivar la relación con Dios en un estado saludable. Moisés ha compartido con Jetro la liberación que Dios le ha concedido. Jetro y Moisés responden en adoración. Pero ahora el pueblo debe organizarse para mantener y cultivar la relación con Dios de forma adecuada. La intervención de Jetro es sumamente valiosa. Quien recientemente se ha unido al pueblo ofrece ahora consejos para que ese pueblo se administre en la libertad. Dios liberó al pueblo de la esclavitud; pero la libertad les trae nuevos retos y oportunidades a los que deben responder con discernimiento y sabiduría. Las valiosas recomendaciones de Jetro procuran traer paz en medio de la libertad (18.23). El texto no nos habla más de Jetro. Moisés y el pueblo tuvieron la sensibilidad de valorar el conocimiento y el consejo de un extranjero de reputación reconocida. La relación de Moisés con este sacerdote de Madián no fue casual. Moisés no escuchó ni obedeció al primero que se le presentó dando consejos. Moisés supo discernir y valorar la participación del extranjero en medio del pueblo, y no lo despreció. Hay aquí una gran enseñanza para el pueblo de Dios en todas las épocas.

V. En el monte de Dios: Las bases para la nueva sociedad (19.1-24:18)

El pueblo llegó al Sinaí al tercer mes de haber salido de Egipto. Durante este tiempo, incluidos los relatos de Levítico y de Números hasta 10.11, el pueblo ha continuado asentado en el Monte de Dios (Sinaí/Horeb). Todo lo relatado en esta parte del Pentateuco tiene que ver, esencialmente, con la Torá, las guías, las instrucciones o la ley que Dios le otorga al pueblo para su vida. Durante este período, la Torá (ley) se acepta como parte integral y natural de las nuevas estructuras sociales que se iban estableciendo poco a poco, a través de los procesos históricos que el pueblo vivía con este Dios que estaba conociendo. La Torá nunca se percibió como algo aislado, que se conectaba mecánica y legalistamente a sus vivencias cotidianas. La Torá se entendió, más bien, como una «herramienta» que se integraba a la vida en comunidad del pueblo, en su proceso de peregrinaje desde la esclavitud de Egipto hasta la promesa de la nueva vida en la tierra prometida. Así, la ley se veía como algo bueno dado para el bien de la comunidad. De ahí, las palabras del Salmo 1.1-3: «Bienaventurado el varón que no anduvo en consejo de malos, Ni estuvo en camino de pecadores, Ni en silla de escarnecedores se ha sentado; sino que en la Torá (ley) de Jehová está su delicia, y en su Torá (instrucciones) medita de día y de noche. Será como árbol plantado junto a corrientes de aguas, que da su fruto en su tiempo, y su hoja no cae; y todo lo que hace, prosperará» (Versión Reina-Valera, 1960). Como podemos observar, el salmista percibe la ley de Dios como un regalo, como un medio de gracia y bendición para que el pueblo pueda vivir en plenitud de vida. La Torá no era como una camisa de fuerza que le «aguaba la fiesta» a quienes la observaban. Los valores de la vida en comunidad del pueblo de Israel debían distinguirse de los valores de los dioses de los pueblos vecinos (véanse nuestros comentarios sobre Gn 1-2). Los valores del pueblo debían ser valores que estuvieran en armonía con los valores del Dios que los había creado; que los había liberado (Ex 15-18) y que había hecho morada en medio de ellos y andaría con ellos (Lv 26.11-13). Esto lo confirmamos en el discurso de Moisés en Deuteronomio 5:33: «Andad en todo el camino que Jehová, vuestro Dios, os ha mandado, para que viváis, os vaya bien y prolonguéis vuestros días en la tierra que habéis de poseer». El andar en el camino que Dios había ordenado tenía un propósito evidente: que el pueblo viviera en calidad de vida y prolongara sus días en la tierra.

El encuentro del pueblo con Dios no podía ser como cualquier experiencia cotidiana o común. De ahí que Dios le da órdenes a Moisés para que prepare al pueblo para su encuentro. Las expectativas de ese encuentro eran muy altas. El pueblo debía recordar lo que Dios había hecho con los egipcios; pero, sobre todo, debía tener presente cómo Dios los había tomado a ellos sobre alas de águila y los había traído a sí. La belleza de esas palabras muestra el cuidado que Dios tenía para el pueblo. El texto emplea una metáfora en la que compara a Dios con la protección que un águila les ofrece a sus crías. De la misma forma, Dios ha protegido al pueblo. En Éxodo 19.5-6, el reto se sigue profundizando: si el pueblo escuchaba la voz de Dios y guardaba su pacto, esto sería su especial tesoro entre todos los pueblos. Pero además, serían un reino de sacerdotes y una nación santa. Este texto ha servido en la historia de la interpretación, tanto del Antiguo como del Nuevo Testamento (1 P 2.9), como un referente importante para guiar y orientar sobre la identidad del pueblo de Dios y de la iglesia cristiana.

Cuando Dios se dirige al pueblo para compartir sus mandamientos, nos percatamos de que todos los mandamientos están enmarcados dentro de la relación histórica de Dios con el pueblo. En Éxodo 20.2, el Señor primero se identifica, expone quién es él. Explica que es Yavé, su Dios, quien los sacó de la tierra de Egipto, de casa de servidumbre. Es, entonces, cuando procede a pronunciar las palabras o los Diez Mandamientos. Nunca los mandamientos fueron vistos como un código de leyes aislado que Dios impuso arbitrariamente. Literariamente, varios especialistas han descrito esa relación entre relato contextual y ley de la siguiente manera: (1) Relato que contextualiza la ley (19.1-25); (2) el Decálogo (20.1-17); (3) relato que contextualiza la ley (20.18-21); (4) Libro del pacto (20.22-23.33); (5) relato que contextualiza la ley (24.1-

18); (6) leyes sobre el tabernáculo y el sacerdocio (25.1-31.18); (7) relato que contextualiza la ley (32.1-34.35) y (8) leyes sobre el tabernáculo (35.1-40.38). Estos especialistas han destacado la riqueza de esta relación de la siguiente manera: primero, vemos a Dios siempre como el sujeto y actor principal, tanto en el relato como en la ley. Segundo, en esta relación, la ley se entiende mejor como regalo de Dios, como medio de gracia y misericordia. Tercero, el marco de la narración mantiene el sentido personal de la ley. Y cuarto, la integración de ambas muestra la íntima relación entre la acción divina (ley) y la respuesta humana.

Luego de la primera revelación de Dios, la experiencia fue tan impresionante e impactante que el pueblo le pidió a Moisés que sirviera de mediador en futuras ocasiones (20.18-19).

La forma en que los diez mandamientos están expresados es la siguiente: se comienza con una partícula negativa «*no* tendrás…», se asume la forma verbal de segunda persona singular «*tú* no tendrás dioses ajenos» y se continúa así sucesivamente. Cuando analizamos los mandamientos, observamos que todos, de alguna forma u otra, promueven valores que protegen la vida en comunidad (véase la versión del Decálogo en Dt 5.6-21).

Llegamos ahora al tema del libro del pacto. Sabemos acerca el libro del pacto por la referencia que aparece en Éxodo 24.7. Por el tipo de alusiones que se hace, se asume que se refería al contenido de las leyes que se encuentran en los capítulos del 21 al 23 del Éxodo. Partiendo de esa presuposición, el libro está enmarcado entre una introducción (20.22-26) y una conclusión o epílogo (23.20-33). Este marco provee unos criterios que dan pistas para entender el contenido de las instrucciones que presenta.

El libro como tal contiene una serie de instrucciones o tradiciones legales que tratan sobre diversos asuntos de la vida diaria. Encontramos instrucciones en las esferas de lo civil, de lo criminal, de lo moral y de lo judicial (21.2-22.17). Estas instrucciones/guías toman dos formas literarias: (a) un estilo casuístico —esto es, se presentan casos que luego se discuten— y (b) un estilo apodíctico. Se llama «apodíctico» (palabra que viene del griego) al estilo que presenta instrucciones de manera categórica. Tal es el caso de los Diez Mandamientos, que comienzan con un «No tendrás….». También encontramos otras instrucciones que tienen que ver con asuntos de moral y de ritos (22.18-23.33). Cuando uno analiza estas regulaciones, descubre que las mismas tenían el propósito de fomentar un espacio social de orden en las relaciones de comunidad.

Entre los temas que tratan estas guías están la esclavitud (21.2-11); los conflictos violentos (21.12-17); casos de accidentes (21.28-32); daños ocasionados por animales (21.33-36); daños a la propiedad ajena (21.37-22.3); robos de ganado (22.4-5); daños a cosechas (22.6-14); cuestiones de seducción (22.15-16); prohibición de la hechicería (22.17); bestialidad (22.18); apostasía (22.19); protección a los más vulnerables (22.20-26); responsabilidades para Dios (22.27-30); administración de la justicia (23.1-3); restauración de propiedad perdida (23.4-5); la justicia imparcial (23.6-9); descanso de la tierra al séptimo año (23.10-11); ley del sábado (22.12); obediencia a Dios y rechazo a otras divinidades (23.13); fiestas sagradas (23.14-19); epílogo y exhortación (23.20-33).

El capítulo 24.1-18 contiene el pacto entre Dios y el pueblo. Este es esencialmente la respuesta del pueblo a Dios por todo lo que le ha revelado anteriormente. Esto se hace a través de un acto litúrgico o ritual. Su organización es compleja. Contiene, entre otros asuntos, el compromiso del pueblo con Dios (24.3, 8), un acto litúrgico de sacrificio (24.4-8), una lectura del libro de la alianza (24.7-8), un banquete de la comunidad en la presencia del Señor (24.9-11) y, finalmente, Moisés sube a la montaña de Dios y recibe las instrucciones sobre el tabernáculo (24.12-18).

VI. El tabernáculo, pecado, restauración de Israel (Ex 25.1-40.38)

Las prescripciones para la construcción del santuario o tabernáculo están en Ex 25-31, e incluyen la preparación de las ropas de sacerdotes y las instrucciones para su consagración. Así se provee un espacio para que Dios more junto al pueblo (25.8; 29.45-46).

Esta unidad sobre la idolatría de Israel, la participación de Aarón, de Moisés y de Dios no ha sido fácil de interpretar ha través de la historia. Sin pretender tan siquiera mencionar los asuntos más importantes, deseamos señalar lo siguiente: el pueblo no pudo tolerar la tardanza de Moisés en el monte y acudieron a Aarón para que les hiciera una imagen de Dios que los guiara. Lo sorprendente del incidente es que el texto nos indica que Aarón les hizo el becerro de oro sin cuestionar el interés del pueblo. Los especialistas reconocen que no ha sido fácil entender qué significaba la imagen del becerro de oro. ¿Era el becerro la imagen de uno de los dioses de aquella región o era la imagen de Dios mismo? En 32.5 se indica que era la imagen de Dios. Independientemente de cuál haya sido la identidad del becerro para el pueblo, el pecado consistió en buscar un poder distinto al de la fuerza liberadora de Dios. El pueblo no tuvo reparos en reducir el valor de Dios a la imagen del becerro sin importarle su contenido. La imagen de metal no los liberaba, sino que se convertía en un objeto que, quien ostentara el poder, podría manipular. Además, el problema no fue sólo que desobedecieron la instrucción de Dios, sino que violaron el pacto (20.3-4).

Estos capítulos presentan la implementación de las guías o instrucciones que se habían ofrecido en los capítulos 25-31 para la construcción del tabernáculo. Así vemos conjugadas las primeras experiencias o vivencias del pueblo, que salió de la esclavitud y se movió a la adoración por medio de la construcción del tabernáculo. Ahora Dios podrá morar en medio y junto al pueblo. Esto es una experiencia de gracia, pero también una situación de peligro para quienes no respeten la santidad de Dios. Los primeros siete capítulos de Levítico proveen las instrucciones para ofrecer los medios de perdón, de manera que el pueblo pueda estar y vivir cerca del Dios santo. El capítulo termina en una nota de esperanza, con el templo erigido para que el pueblo pueda establecer comunión con Dios.

Levítico

Capítulo 3

Cuando el extranjero habite con vosotros en vuestra tierra, no lo oprimiréis. Como a uno de vosotros trataréis al extranjero que habite entre vosotros, y lo amarás como a ti mismo, porque extranjeros fuisteis en la tierra de Egipto. Yo, Jehová, vuestro Dios. (Lv 19.33-34)

Esta cita es uno de tantos ejemplos en que las instrucciones o leyes de Levítico expresan su preocupación por asuntos muy humanos y manifiestan su solidaridad con los más indefensos y vulnerables, como lo son los extranjeros. Esta preocupación también se manifiesta en el libro del Éxodo y en el Deuteronomio. Si bien es cierto que el tema principal del libro de Levítico es cómo el pueblo debía proceder en cuanto a las ofrendas y los sacrificios, no es menos cierto que estas ofrendas y sacrificios se veían como un medio a través del cual el Dios santo proveía los rituales para que el pueblo pudiera mantener una relación con él. La finalidad de las instrucciones era mantener viva esa relación y comunicación con Dios. Las leyes o instrucciones que Dios les da a los hijos de Israel en el Sinaí, nunca pretendieron ser un fin en si mismas (como bien Jesús las interpretó), sino un medio para mantener la comunicación con Dios, lo que equivalía a mantener la vida del pueblo. El Dios que por pura gracia llamó a Israel, por gracia y misericordia le ofrece las instrucciones o leyes. Entendidas desde esta óptica, las instrucciones en el libro de Levítico son buenas noticias. Estas instrucciones facilitan las estructuras religiosas a través de las cuales los pecados y las impurezas del pueblo puedan ser perdonados, y así el pueblo pueda ser reconciliado con Dios. Es importante que advirtamos aquí que aunque todos los pecados producían impurezas y, por ello, también separación de Dios, no todas las impurezas y condiciones inmundas eran resultado del pecado. Por ejemplo, recordemos las inmundicias asociadas con aquellos aspectos naturales de la vida como la menstruación, la actividad sexual, el parto y la muerte. Debemos distinguir entre estas cosas y aquellas que sí eran resultado de pecados y de la maldad de las personas como, por ejemplo, los homicidios, el abuso a los extranjeros, la explotación de los pobres, la idolatría, etc.

Mientras el libro de Éxodo concluyó con el tabernáculo erigido y la gloria del Señor llenándolo, Levítico comienza presentando el llamado del Señor a Moisés para que oriente a los hijos de Israel sobre cómo proceder en el culto y la adoración a Dios. Este llamado no sólo tiene que ver con los sacerdotes levitas, sino también con asuntos que preocupaban al pueblo común.

Entre otros asuntos importantes, el libro trata sobre la identidad del israelita. En él encontramos respuestas a preguntas vitales del pueblo como, por ejemplo: ¿Qué implicaciones prácticas conlleva ser parte del pueblo de Dios? ¿Qué significa ser llamado a la santidad? En general, Levítico es un libro que explora las prácticas éticas, el culto y los estilos de vida aceptados ante el Dios santo que moran en medio del pueblo. Un error de algunas personas que rechazan el valor del libro hoy es descartarlo porque vivimos bajo la gracia, bajo el nuevo pacto de Jesucristo; por tanto, piensan que no necesitamos practicar esos ritos antiguos. Esa afirmación o presupuesto interpreta mal el valor del mensaje de Levítico, así como de todo el Pentateuco. Estudiamos el libro no para copiar las prácticas que enseña, sino para enriquecer nuestro entendimiento sobre las acciones de Dios a través de la historia. Estudiando el libro descubrimos nuevos motivos de acción de gracias a Dios. También aprendemos de las acciones ejemplares de personas dedicadas al Señor, como también de los errores y de las tentaciones que enfrentaron figuras como Moisés, Aarón y Miriam. En fin, la fe judeo-cristiana no se debe reducir a conocer unas fórmulas o doctrinas teológicas para obtener beneficio personal. La fe es un entendimiento de la vida que se nutre y se cultiva conociendo el obrar de Dios a través de la historia; y esto incluye todo el testimonio que encontramos desde el libro de Génesis hasta el Apocalipsis.

1. Ubicación del libro en el Pentateuco

Los especialistas han observado que existe una correlación íntima entre el mensaje del libro y su ubicación dentro del Pentateuco. El libro de Levítico está ubicado en el centro del Pentateuco y, en el mensaje principal del libro, encontramos la atención a la adoración y a la santidad del pueblo. Luego, su ubicación física dentro del Pentateuco tiene la intención de proyectar el valor de la adoración para la vida de la comunidad. Esta organización refleja gran esmero, cuidado y diligencia por parte de las comunidades que escribieron y preservaron el libro, así como toda la obra del Pentateuco. Entendemos que esta organización no pudo haber sido fruto del azar o de una mera casualidad, sino que el libro se organizó intencionalmente así a fin de mostrar el papel de la adoración en la vida del pueblo.

El libro de Levítico se asocia a las comunidades de sacerdotes como aquellas personas que a través de la historia (desde antes de la monarquía) tuvieron un papel significativo en la colección y la preservación del contenido teológico que encontramos en este libro. En especial, se piensa que las comunidades sacerdotales que vivieron en Babilonia durante el exilio (586 al 539 a. C.) jugaron un papel crucial al momento de plasmar estas tradiciones en la forma escrita en que la encontramos hoy (Lv 26.43-45). Estas comunidades de sacerdotes tenían gran preocupación e interés en que su generación y las generaciones venideras del pueblo de Israel entendieran la importancia de los procesos rituales a través de la adoración a Dios como el centro de su vida en comunidad.

2. El propósito de la adoración

Cuando analizamos el propósito y la naturaleza de la adoración que se deberá ofrecer, es necesario observar que Dios no busca la adoración por sí misma, como la reclamaban los monarcas antiguos y otras divinidades. La adoración en Levítico está enmarcada en las guías e instrucciones que, a su vez, se basan en la teología de la creación por Dios. Dios creó un orden que se describe como bueno (Gn 1.1-2.4a). Las regulaciones de Levítico proveen los medios, la estructura litúrgica y el ritual para valorar, conservar y, en aquellos momentos en que se haya perdido, restaurar aquel buen orden divino. Las instrucciones o leyes no surgen en un vacío histórico, sino que se basan en las promesas y el pacto de Dios con los antepasados de Israel. Las instrucciones se presentan entrelazadas con relatos o narrativas que presentan los contextos donde se ejecutan las instrucciones. Las instrucciones siempre se proyectan como un medio de gracia que Dios ofrece para restaurar la vida del pueblo.

Levítico ofrece guías para orientar a los hijos de Israel sobre cómo vivir y responder a Dios en el contexto de aquellas promesas divinas. A través de los ritos y las formas litúrgicas que ofrece este libro, el pueblo podía representar periódicamente cómo Dios los liberaba de la opresión y de la muerte, y les daba oportunidad para que vivieran según los propósitos divinos. Una adoración y unos actos rituales que no reflejaran esos hechos y acciones divinas era una adoración rechazada por Dios, como bien anunció el profeta Isaías: «¿Para qué me sirve, dice Jehová, la multitud de vuestros sacrificios? Hastiado estoy de holocaustos de carneros y de grasa de animales gordos; no quiero sangre de bueyes ni de ovejas ni de machos cabríos. ¿Quién pide esto de vuestras manos, cuando venís a presentaros delante de mí para pisotear mis atrios? No me traigáis más vana ofrenda; el incienso me es abominación. Luna nueva, sábado y el convocar asambleas, no lo puedo sufrir. ¡Son iniquidad vuestras fiestas solemnes! Mi alma aborrece vuestras lunas nuevas y vuestras fiestas solemnes; me son gravosas y cansado estoy de soportarlas. Cuando extendáis vuestras manos, yo esconderé de vosotros mis ojos; asimismo cuando multipliquéis la oración, yo no oiré; llenas están de sangre vuestras manos. Lavaos y limpiaos, quitad la iniquidad de vuestras obras de delante de mis ojos, dejad de hacer lo malo, aprended a hacer el bien, buscad el derecho, socorred al agraviado, haced justicia al huérfano, amparad a la viuda» (Is 1:11-17). Y el profeta Amós: «¿No será el día de Jehová tinieblas y no luz; oscuridad, que no tiene resplandor? Aborrecí, desprecié vuestras solemnidades y no me complaceré en vuestras asambleas. Y si me ofrecéis vuestros holocaustos y vuestras ofrendas, no los recibiré, ni miraré las ofrendas de paz de vuestros animales engordados. Quita de mí la multitud de tus cantares, pues no escucharé las salmodias de tus instrumentos. Pero corra el juicio como las aguas y la justicia como arroyo impetuoso» (Amos 5.20-24; véase también Jer 6.20-30; 7.21-43; Os 6.6; 8.13; 9.4; Am 4.4-5).

No debemos confundir esta crítica al abuso y distorsión de los rituales con una negación del valor de los rituales que Dios mismo había ordenado para el pueblo de aquella época. Tampoco debemos reducir el valor del texto bíblico a un instrumento utilitario —esto es, si no le veo alguna utilidad inmediata, lo descarto o lo rechazo. El libro de Levítico nos comparte una variedad de situaciones y actitudes del pueblo de las cuales la comunidad cristiana hoy puede y debe aprender mucho.

3. Título del libro

El título del libro, *Levítico*, nos llega del título de la versión latina *Leviticus*. Este nombre, a su vez, fue tomado del griego de la Septuaginta (LXX), donde el nombre que aparece es *Levitikon*. Aunque las figuras de los levitas como tal no son prominentes en el libro de Levítico y sí en el de Números, los especialistas atribuyen el empleo de este nombre a que en las tradiciones judías griegas se asociaba la tarea prominente del levita con la de los sacerdotes que leemos en el libro (véase Dt 17.9, 18; 18.1). Así, el título expresa aquellas instrucciones, guías (*torá*), que tienen que ver con los sacerdotes (Lv 6-7; Jer 18.18; Hag 2.10-13; Mal 2.6-7). El texto hebreo sigue la tradición de los libros del Pentateuco de tomar la primera palabra que aparece al comienzo del texto para ponerle título al libro. Por ello, el título hebreo es *wayyiqra*, que se traduce por «Y él llamó». Como el resto de los libros que constituyen el Pentateuco, Levítico también debe ser interpretado en el amplio contexto de la obra mayor.

4. Organización del libro

A través de la historia, los especialistas han organizado el libro de diversas maneras. A continuación, presentamos una de las estructuras literarias más reconocidas:

I. Instrucciones para el culto y sacrificios (1-7)
    A. Primera serie instrucciones (1.1-6.7)
    B. Segunda serie instrucciones (6.8-7.38)
II. Ordenación de los sacerdotes (8-10)
    A. La ordenación sacerdotal (8)
    B. Establecimiento del tabernáculo (9)
    C. El pecado de Nadab y Abiú (10)
III. Instrucciones sobre la pureza e impureza (11-16)
    A. Alimentos limpios e inmundos (11)

B. La mujer: purificación después del parto (12)
C. Enfermedades de la piel (13-14)
D. Secreciones del cuerpo (15)
E. Ritual para el día de expiación (16)
IV. Código de santidad (17-26)
V. Instrucciones para redimir ofrendas y sacrificios (27)

Como vemos, el libro se puede subdividir en cinco partes. La primera parte inicia con instrucciones sobre sacrificios y ofrendas (1-7). La segunda parte relata los rituales de consagración u ordenación de los sacerdotes, la inauguración del culto en el tabernáculo por los sacerdotes y la muerte de los hijos de Aarón, Nadab y Abiú (8-10). La tercera parte presenta una serie de guías sobre cómo identificar lo que es puro y lo que es impuro, culminando con el ritual del día de expiación (11-16). La cuarta parte contiene el llamado «código de santidad» (17-26). Este representa el grupo de instrucciones con gran sentido exhortativo que giran en torno a las conductas y rituales que facilitan la vida comunitaria en santidad. Como tema central en este grupo de instrucciones está la frase: «Santos seréis, porque santo soy yo, Jehová, vuestro Dios» (19.2). La quinta y última parte incluye una serie de instrucciones variadas relacionadas con el mantenimiento del tabernáculo (27).

5. El valor de los rituales en Levítico

Para muchas personas hoy las palabras «rito» y «ritual» tienen connotaciones más bien negativas. Algunas personas las asocian con prácticas antiguas y salvajes que están vacías de significado. Así, el libro de Levítico se considera expresión de una religión antigua, legalista y atrasada que ha sido superada por el cristianismo. Algunos especialistas señalan que este juicio se remonta a los tiempos del Renacimiento (XIV-XVI d. C.), cuando se empezó a sobrevalorar la razón sobre muchas otras prácticas religiosas. Históricamente, esta actitud tuvo una razón y explicación lógica que no tenemos espacio para discutir aquí. Poco a poco, los ritos y rituales (el conjunto de ritos de un grupo) se fueron contraponiendo a las prácticas del ser humano racional y moderno. Desde principios del siglo pasado, esa idea se ha estado replanteando en diversos círculos de estudiosos, antropólogos, sociólogos y teólogos. Se ha venido explorando y comprendiendo que el valor de los ritos no se debe reducir a prácticas salvajes y anticuadas visiones del mundo. El libro de Levítico presenta y comunica su mensaje teológico haciendo gran uso de manifestaciones rituales y escénicas que nosotros hoy debemos repensar y revalorar. Los seres humanos no nos comunicamos solamente por medio de ideas y conceptos intelectuales abstractos. También los gestos, las acciones simbólicas y las representaciones litúrgicas sirven para comunicar nuestras emociones y sentimientos, y para expresar nuestros temores, alegrías, tristezas y esperanzas. Aunque expresado en forma negativa, la siguiente frase nos confirma el valor de las acciones (simbólicas) humanas: «Tus acciones hablan tan fuerte que no me dejan escuchar tus palabras». En la antigüedad —y en el libro de Levítico— se procuraba que las acciones simbólicas, entre ellas los rituales, hablaran tan fuerte como las palabras. De ahí que en ciertos momentos de sus vidas los antiguos escogieran comunicarse a través de rituales y acciones simbólicas (sacrificios, comidas o banquetes simbólicos, ofrendas, etc.). Afirman los especialistas que no tenemos que intentar encontrar un significado universal a cada una de las prácticas rituales. El significado de los ritos se debe encontrar dentro del contexto religioso en el que se presentan. En lugar de ver los ritos como prácticas rígidas e irracionales que no se pueden comprender ni modificar, debemos entenderlos como medios de expresión que transmiten y representan un mensaje y lo comunican a través de formas o canales de comunicación que no estamos acostumbrados a valorar. Es en ese sentido que en el libro de Levítico los rituales nos ayudan a interpretar los relatos y narraciones del texto. Y viceversa, los relatos nos ayudan a entender los ritos. El libro de Levítico manifiesta una relación muy estrecha entre el rito y el evento.

En Levítico encontramos varios tipos de rituales. Algunos estudiosos hablan de los ritos que establecen o afirman una visión o entendimiento del mundo. Por ejemplo, tomemos los que se encuentran en Éxodo 40.16-33 y Levítico 8-9. El primero representa el establecimiento de un espacio sagrado a través del tabernáculo. El segundo tipo de rito presenta el establecimiento de un nuevo status o condición sagrada por medio de la consagración de los sacerdotes. Hay ritos que reafirman y mantienen un orden en la creación —por ejemplo, la observación del sábado en Éxodo 31.12-17 y la observación del día anual de expiación en Levítico 16. La comunidad judía confirma esto a través de un dicho que planteaba el dilema de si ellos guardan el sábado o el sábado los guarda a ellos. En otras palabras, quién depende de quién. Esto no está muy distante de la pregunta sobre qué viene primero, si el huevo o la gallina.

El tercer tipo, los ritos de restauración, se realizaban para restituir prácticas normativas que se habían descontinuado por causa del pecado o de la violación de ciertas reglas de pureza. Los rituales para personas con enfermedades en la piel o secreciones corporales son ejemplos de este último caso (Lv 14.1-20).

A través de su mensaje, el libro de Levítico también expresa la gracia de Dios con su pueblo. Una lectura adecuada del libro debe partir de una valoración positiva de sus temas principales, como son la importancia de la representación como medio de comunicación, el valor de la comunidad y la presencia de Dios, quien mora en medio de la comunidad israelita. El libro de Levítico ve a Dios en medio de Israel como creador y liberador.

6. Resumen del libro

I. Instrucciones para el culto y sacrificios (1-7)

Esta primera unidad del libro contiene dos series de instrucciones sobre los sacrificios y las ofrendas a Dios. La primera serie se encuentra en 1.1-6.7 y la segunda en 6.8-7.36. Las instrucciones que encontramos en la primera unidad mayormente están dirigidas a toda la comunidad, mientras que las de la segunda serie están dirigidas a los sacerdotes. A esto sigue un resumen que enmarca las guías dentro de la comunidad total (7.37-38).

El libro de Levítico habla de unos quince diferentes tipos de ofrendas o sacrificios. No todos los sacrificios eran de animales. Había ofrendas de granos, de vino y de aceite, entre otras. Igualmente había ofrendas para expiación, pero también había ofrendas de gratitud. Estas ofrendas tampoco se percibían como algo mágico, como si Dios estuviera comprometido a actuar automáticamente después de que se ofreciera la ofrenda. El valor de las ofrendas no radicaba en la eficacia o autoridad del adorador, sino en el Dios que las había ordenado. De ahí la importancia de ver las instrucciones que vienen de Dios. Estas son las palabras de Dios a su comunidad. Las cosas se hacen según como Dios ha ordenado: «Hizo Moisés… tal como Jehová había mandado a Moisés» (8.4, 9, 13, 17, 21, 29, 36; 9.7, 21; 16.34; 24.23). Dios, en su libertad, otorga perdón a través de los sacrificios.

El capítulo uno trata sobre los holocaustos u ofrendas quemadas. El propósito de estos holocaustos era traer reconciliación entre Dios y el ser humano. Eran una de las ofrendas más comunes. También manifestaban la fidelidad a Dios y la obediencia a sus instrucciones (véase Sal 51.17-19). El capítulo 2, las ofrendas de cereales y el capítulo 3, los sacrificios de reconciliación, representan ofrendas de alimentos. El capítulo 3 trata sobre ofrendas de paz. Estas ofrendas, al igual que las que se encuentran en los capítulos del 4 al 7, se deben entender dentro del marco del sistema sacrificial de Israel. Estos capítulos ofrecen las razones por las cuales llevar a cabo el tipo de ofrenda particular, y explican el proceso particular en cada uno de los rituales correspondientes. El cuidado que se dedica a describir el proceso refleja siempre que se está ante el Dios santo y todo lo que se hace o no se hace y se dice o no se dice debe armonizar con la voluntad de ese Dios.

II. Ordenación de los sacerdotes (8-10)

Estos capítulos nos ofrecen una descripción de la ordenación o consagración de Aarón y sus hijos como los primeros sacerdotes, junto a la consagración del tabernáculo y del altar. Así concluye el relato de la construcción del tabernáculo, cuya función principal era proveer el espacio sagrado para que pudiera morar la presencia de Dios entre el pueblo y para poder llevar a cabo los sacrificios. Estos capítulos también nos informan de un incidente trágico, pero, a la misma vez, educativo para futuras generaciones, pues modela la gran responsabilidad y el peligro a que se exponían quienes participaban en los sacrificios y el culto a este Dios. Se reafirma que el pueblo jamás debía tomar aquella tarea como un asunto pasajero. El hecho de que el juicio de Dios, en este caso, cayera por medio de fuego sobre los dos hijos de Aarón el mismo día de su ordenación era una muestra de la seriedad y peligrosidad de la actividad en que estaban involucrados.

Levítico 8 nos muestra cómo una persona común pasa de una identidad o status (condición de persona laica) a otra identidad o status (persona consagrada al servicio de Dios). El medio que se emplea para este cambio de identidad es el «ritual de paso» como se le llama hoy en la antropología. Aarón y sus hijos inician el ritual como personas comunes, y lo concluyen como sacerdotes. El proceso del ritual debe tener lugar rigurosamente tal como Dios lo había mandado. De ahí la expresión que se repite a través del libro: «...y Moisés hizo como Dios le había ordenado» (8.4b. 9b, 13b, 17b, 21b, 29b, 36). El proceso del ritual es complejo. Primero, el texto nos indica que el acto es público. Toda la comunidad está congregada frente a la puerta del tabernáculo de reunión. Aarón y sus hijos participan de varios rituales que Moisés los lleva a cabo. El lavacro con agua es símbolo de la limpieza que ellos deben conservar en todo momento. La persona que se consagra sacerdote entra en un status permanente —esto es, conserva su nueva identidad en todo momento y no tiene que pasar nuevamente por el rito. Las vestiduras también deben reflejar los propósitos para los que se van a emplear. El texto le presta atención especial al acto de vestir a los sacerdotes que van a ser consagrados para sus diferentes funciones en el sacerdocio. El propósito de la unción es «hacer santos» o consagrar los objetos y las personas que se ungen con aceite. El tabernáculo, los objetos y las personas se santifican porque el Dios que va a morar en el lugar es santo. La primera ofrenda de la que se habla es la ofrenda del pecado (8.14-17).

Aunque el texto no lo indica explícitamente, Moisés está en una categoría especial como inaugurador del culto o como el primer líder mediador con Dios en estos ritos. Él sirve de modelo para llevar a cabo los sacrificios. ¿Nos podemos imaginar lo sangrienta que debió ser la escena de los sacrificios? No obstante, la purificación del lugar es imprescindible, y los animales para las ofrendas también debían ser purificados. El carnero para la ordenación (8.22-29) se emplea solamente en este ritual de consagración. No lo encontramos en ningún otro ritual. Al final del capítulo (8.31-36), se dan instrucciones sobre tres asuntos importantes: (a) cómo se deben consumir los sacrificios y las ofrendas; (b) el proceso mismo de la ordenación y (c) una confirmación de que las cosas se hicieron según Dios lo había ordenado. Ahora Aarón y sus hijos están preparados para llevar a cabo los sacrificios y las ofendas en nombre de la comunidad.

El capítulo 9 le presta atención a la inauguración del tabernáculo. Nos informa de los primeros sacrificios y holocaustos u ofrendas quemadas realizados por los nuevos sacerdotes. Es importante destacar que el fuego que quema los animales sacrificados en el altar es el fuego de Dios, que simboliza su presencia al venir a morar en el lugar.

El capítulo 10 nos informa sobre la muerte de Nadab y Abiú, los dos hijos de Moisés que recién fueron consagrados. La violación que ellos cometen no se explica. En un momento dado se habla de un «fuego extraño». No hay lugar a dudas de que el mensaje gira en torno a que Dios no acepta que se violen sus guías e instrucciones. De inmediato, el fuego de Dios los consumió y murieron. La explicación del porqué de la reacción de Dios se presenta en el v. 3: «Luego dijo Moisés a Aarón: "Esto es lo que Jehová afirmó cuando dijo: 'En los que a mí se acercan me santificaré, y en presencia de todo el pueblo seré glorificado.'" Y Aarón calló». En otras palabras, la santidad de Dios no admite ningún cambio. No hay ninguna otra justificación: los hijos de Aarón son echados fuera para restablecer la pureza del lugar. Los versículos 9b, 10 y 11 terminan de explicar la importancia de seguir las instrucciones de Dios: «Estatuto perpetuo será para vuestras generaciones, para poder discernir entre lo santo y lo profano, y entre lo inmundo y lo limpio, y enseñar a los hijos de Israel todos los estatutos que Jehová les ha dado por medio de Moisés». Hoy debemos entender que todos estos ritos le comunicaban y confirmaban al pueblo quién era el Dios que estaba en el medio de ellos.

III. Instrucciones sobre la pureza y la impureza (11-16)

Las instrucciones sobre la pureza e impureza que encontramos en los capítulos 11 al 16 responden a una variedad de situaciones. La preocupación y el cuidado por mantener los espacios sagrados en la vida de la comunidad son evidentes en cada una de las instrucciones de estos capítulos.

Las instrucciones en los capítulos 11 al 15 se concentran en la preservación de los espacios sagrados y en el mantenimiento de las fronteras o límites en medio de la vida del pueblo. A esas fronteras también se les llama «reglas de pureza». Establecen o distinguen lo puro (lo aceptable, lo correcto, lo natural) de lo impuro (lo inaceptable, lo incorrecto, lo no natural). Todo grupo social consciente o inconscientemente construye y preserva sus reglas de pureza. Esta pureza, en el sentido religioso, no tiene que ver con asuntos higiénicos ni asépticos, como se entienden en el campo de la salud. Más bien son formas de organizar el tiempo y el espacio de los grupos a fin de dar sentido y significado a todo lo que se hace o no se hace.

Cuando leemos estas instrucciones quizás nos preguntemos qué sentido tienen para nosotros y para nuestro tiempo. Ciertamente su valor no está en incorporarlas a nuestras vidas, sino en entender cómo aquella comunidad toma el cuerpo de la persona en serio y cómo intenta que exista una correlación saludable entre el valor del cuerpo y la vida ante la presencia de Dios. La visión del libro de Levítico presupone que existe una relación entre el entendimiento que tenemos de Dios (nuestra teología) y la forma como tratamos nuestro cuerpo físico. En nuestra cultura occidental posmoderna, el cuerpo se ha reducido a un mero instrumento o medio de satisfacción inmediata. En tiempos bíblicos, por el contrario, se partía de la premisa de que el cuerpo físico de la persona y el cuerpo social de la comunidad debían reflejar el orden y la organización del «cuerpo cósmico, espiritual» que manifestaba la divinidad. Así como el cosmos tenía un orden y seguía unas reglas que expresaban su santidad, así también el cuerpo social y personal debía manifestar ese orden.

En el capítulo 11, Dios les habla a Moisés y Aarón sobre lo que podían comer de entre los animales de la tierra (véase Dt 14). La primera parte identifica las características de los animales que se pueden comer y de los que no se pueden comer. Los criterios que sirven para distinguir entre unos y otros son los contextos donde viven los animales —por ejemplo, los animales de la tierra (vv. 2b-8), los animales del agua (vv. 9-12), los animales del aire (vv.13-19) y los insectos con alas (vv.20-20). Al final del capítulo se ofrece un resumen de todas estas instrucciones. Aparte de lo que indicamos arriba sobre cómo la contribución de la antropología sirve para apreciar y valorar estas instrucciones, el texto no ofrece un criterio claro sobre cómo y por qué hace las distinciones entre los alimentos limpios e inmundos.

Levítico 12 nos presenta el tema de la purificación de la mujer después del parto. Se detallan las instrucciones cuando nace un niño (vv. 2b-4), cuando nace una niña (v.5), los ritos necesarios para la purificación (vv. 6-7) e instrucciones particulares para los pobres (v.8). Aquí encontramos varios de los asuntos que no están claros en el texto y cuya razón de ser no se puede explicar. Por ejemplo: ¿por qué la mujer es considerada inmunda al parir, si la procreación es parte de la bendición de Dios en Génesis 1.28? ¿por qué la mujer tiene que someterse a un rito de purificación si ella no ha pecado al parir? ¿por qué el tiempo de purificación para la madre es dos veces más largo cuando pare una niña que cuando pare un niño? La mayor parte de los especialistas reconocen que estas tradiciones reflejan antiguas tradiciones patriarcales que subestimaban a las mujeres. Advierten, sin embargo, que aparentemente se había llegado a una evolución del pensamiento por cuanto estas comunidades no pueden ya excluir a las mujeres de los ritos de purificación en el tabernáculo.

Los capítulos 13 y 14 identifican enfermedades de la piel que hacen inmundas a las personas. Ante esa situación se ofrecen ritos para lavar las ropas o vestimentas de las personas o los espacios en las casas (por ejemplo, paredes con hongos). Estos capítulos proveen ritos de purificación para incorporar las personas a la comunidad una vez se hayan liberado de la condición de inmundicia que resulta de sus síntomas.

El texto bíblico, para referirse a condiciones o enfermedades de la piel, emplea de manera genérica el término «lepra». No obstante, debemos advertir que la lepra, tal como se ha definido en la medicina, es una condición de la piel diferente a la que se refiere el texto bíblico. Cuando estos dos capítulos hablan de las diversas condiciones (enfermedades) de la piel, no tienen una preocupación médica, aunque el vocabulario se preste para asociarse con lo médico. El sacerdote no era un médico, ni el israelita que lo visitaba era su paciente. Estas guías e instrucciones manifiestan el sistema sacerdotal de pureza e impureza prevaleciente en aquel tiempo, y su preocupación por preservar la santidad del lugar donde debía morar la presencia de Dios.

El capítulo 15 se refiere a las secreciones del cuerpo que hacen inmundas a las personas que las manifiestan. Estas instrucciones expresan preocupación e interés por la integridad de todas las áreas del cuerpo tanto del hombre como de la mujer. La atención a los órganos genitales y reproductores del cuerpo refleja su conciencia de que estos órganos son vehículos para la reproducción de la vida. Al final del capítulo, se explica que tales secreciones pueden contaminar el tabernáculo y amenazar la integridad del espacio sagrado donde Dios morará.

El día del perdón o el *Yom kippur*, como se pronuncia su nombre en hebreo, es el tema de todo el capítulo 16. Este capítulo sirve de conclusión a los temas presentados en los capítulos 11 al 15. Este era un día especial anual para la purificación de todo el pueblo que fue considerado por el judaísmo tardío como la fiesta más importante del año. El rito incluye el sacrificio de un becerro en holocausto (ofrenda quemada). Se toman, además, dos machos cabríos y, sobre ellos, se echan suertes, de modo que uno sea para Dios y el otro se dedique a «Azael» —nombre enigmático cuyo significado se desconoce. El primero se ofrece en sacrificio a Dios. Pero el animal dedicado a Azazel no se sacrificaba, sino que Aarón imponía sus manos sobre él y confesaba los pecados de Israel. Después de soltado, el carnero llevaría al desierto las iniquidades del pueblo (16.20-22). El rito como tal representa a la comunidad pasando de un estado de impureza a un estado de pureza, para luego restaurar la integridad del lugar santo. Se cree que así se representa también la idea de los sacerdotes como vínculos que llevan del caos y del pecado al orden en la creación (Gn 1.1-2.4a). El capítulo contesta dos preguntas relacionadas entre sí: ¿Cómo era posible que el sacerdote se acercara a la presencia de Dios sin morir al momento? ¿Cómo era posible mantener la pureza del lugar santo frente a las impurezas de la comunidad y de la muerte de los hijos de Aarón? (Lv 16.1-4). Para los cristianos, este rito de expiación se reinterpreta a la luz de la muerte de Jesús en la cruz del calvario (Mat 27.51; Mc 15.38; Lc 23.45; Heb 9). Es cierto que los cristianos no necesitamos otro sacerdote que entre al lugar santísimo para limpiar nuestros pecados. No obstante, ¡cuánto bien nos haría si, por lo menos una vez al año, nuestras comunidades religiosas, civiles, políticas y públicas, por mencionar sólo algunos sectores, nos reuniéramos y confesáramos nuestros pecados a Dios y a nuestros prójimos! ¿Qué efecto tendría en nuestra sociedad? En ese contexto, recordemos que en el día de expiación, el pecado no se reduce a un asunto individual, sino que es también acción y preocupación comunitaria.

IV. *Código de santidad (17-26)*

Este bloque de capítulos o textos se ha llamado el *Código de santidad* porque destaca en forma especial que la comunidad de Israel debe ser santa como su Dios es santo (20.7-8; 21.7). Encontramos otro bloque de textos (Dt 12-26) en el libro de Deuteronomio que se conoce como el *Código deuteronómico*. Este representa otro grupo de instrucciones o tradiciones legales, pero tiene un interés o preocupación teológica diferente al código de santidad. Volviendo al código de santidad, ciertamente representa una unidad literaria particular que atiende a una serie de asuntos y preocupaciones sociales algo diferentes de los primeros dieciséis capítulos del libro. Aunque los especialistas emplean el término «código», el bloque de capítulos no es un código como tal en el sentido de presentar una información sistematizada y organizada. Más bien son tradiciones legales agrupadas por una preocupación común. Esta unidad intenta particularmente articular cómo Israel debe proceder para ser santo. La santidad se percibe aquí en términos de relaciones, lo que, a su vez, es reflejo de la santidad del Dios que Israel adora. La santidad podrá alcanzarse, no por actos «religiosos» aislados de la comunidad, sino a través de relaciones y contactos dentro de la comunidad. De ahí la atención que se les presta a las relaciones de justicia, honestidad, integridad y fidelidad.

El capítulo 17 sirve de introducción a esta unidad y al código de santidad. Los temas giran en torno a los sacrificios y los alimentos de carne. Los dos primeros versículos representan una formula introductoria que es utilizada frecuentemente en Levítico (1.1; 4.1; 6.1; 7.28; 11.1; 15.1; 16.1-2; 18.1-2; 19.1-2). Algunos de estos asuntos también se trataron, aunque de maneras algo diferentes, en los capítulos del 1 al 7 y en el 11. La repetición nos indica lo importante que eran estos temas para el pueblo de Israel.

El capítulo 18 trata sobre una variedad de temas. Entre los principales, están la familia y las relaciones sexuales. Estas instrucciones reflejan las visiones sociales, culturales y teológicas de un grupo dentro de la comunidad de Israel, la llamada «escuela de santidad».

Levítico 19 contiene una serie de asuntos que nos interesa destacar por la preocupación que manifiestan sobre la justicia social. De hecho, se ha comparado este capítulo con el Decálogo por su atención a honrar a los padres, guardar el sábado y no adorar a ídolos u otros dioses (19.3). El capítulo comienza apelando a la santidad de Dios para llamar al pueblo a santidad, como se hace repetidamente en todo el libro. La autoridad del llamado descansa en la credibilidad del Dios que llama. La imitación de Dios deberá corresponder al modelo dado por Dios mismo con las personas más vulnerables (Dt 10.18-19). Los versículos 9-10 tienen que ver con la solidaridad con los pobres y los extranjeros en la comunidad. El proceso de la recolección de la cosecha siempre debe tomar en consideración la necesidad de los pobres, los extranjeros y todos los más vulnerables en la comunidad. El ignorarlos es una falta y una acción contraria a la acción de Dios con el pueblo mismo (Ex 23. 9; Ex 16).

Los versículos 11-18 tratan sobre el amor al prójimo, los versículos 33-34 se relacionan con el cuido y atención a los extranjeros residentes en medio de Israel y el 35 sobre las injusticias. Son estas tradiciones las que

Jesús y los Evangelios en el Nuevo Testamento reinterpretan y enseñan como parte central de los valores del Reino de Dios. Uno de los criterios que Dios señala para que los israelitas sigan es el de nunca olvidar que ellos mismos fueron extranjeros en Egipto, y que porque Dios es justo los sacó de Egipto.

El amor al prójimo en Levítico 19.18 es amor al vecino israelita. Pero si todo se redujera a esta preocupación nacional o etnocéntrica, no estaría diciendo nada extraordinario o diferente de lo que otros pueblos vecinos también afirmaban. Pero esta medida debe ser ampliada e reinterpretada, también, en el marco de Levítico 19.33-34: «Cuando el extranjero habite con vosotros en vuestra tierra, no lo oprimiréis. Como a uno de vosotros trataréis al extranjero que habite entre vosotros, y lo amarás como a ti mismo, porque extranjeros fuisteis en la tierra de Egipto. Yo, Jehová, vuestro Dios». Aquí se incluye al extranjero, a la otra, a la persona diferente. El reclamo y el criterio para ser sensible con la persona extranjera que está en su medio descansa en el valor de la memoria de que ellos mismos fueron extranjeros en Egipto. La preocupación no se limita a la búsqueda del bienestar individual de los suyos, sino que se extiende a velar por la salud y vida plena de una comunidad más extensa —una comunidad que trasciende a los apellidos familiares y nacionales. Esta comunidad incluye, intencionalmente, a los más frágiles e indefensos, como lo eran los extranjeros. El mismo amor que se debía expresar hacia los vecinos israelitas, y hacia los amigos y familiares cercanos, se debía manifestar también hacia quienes estuvieran en necesidad. Cuando examinamos el resto del texto bíblico observamos cómo esa medida se continuó reinterpretando. Por ejemplo, el profeta Ezequiel nos evidencia que, más tarde, durante el período exílico, la preocupación del libro de Levítico sobre los extranjeros siguió reinterpretándose. Ahora, el extranjero también tenía derecho a la tierra: «Repartiréis, pues, esta tierra entre vosotros, según las tribus de Israel. Echaréis sobre ella suertes por heredad para vosotros y para los extranjeros que viven entre vosotros, aquellos que entre vosotros han engendrado hijos. Los tendréis como a iguales entre los hijos de Israel. Echarán suertes con vosotros para tener heredad entre las tribus de Israel. En la tribu en que viva el extranjero, allí le daréis su heredad, ha dicho Jehová, el Señor» (Ez 47.21-23). Ezequiel reconoce que una de las preocupaciones y problemas fundamentales en el exilio era la falta de tierra para vivir. Aquellos judíos exiliados que regresaban no encontraban tierra donde establecerse. El profeta reflexiona y comprende que Dios proveía espacio, también, para todos. Este texto en Ezequiel nos debe servir de modelo para cómo se ha de tratar hoy al extranjero y al inmigrante. Jesús, en el Nuevo Testamento, recoge y destaca esta idea en Mateo 5.46-48: «Si amáis a los que os aman, ¿qué recompensa tendréis? ¿No hacen también lo mismo los publicanos? Y si saludáis a vuestros hermanos solamente, ¿qué hacéis de más? ¿No hacen también así los gentiles? Sed, pues, vosotros perfectos, como vuestro Padre que está en los cielos es perfecto.» La conciencia y las acciones solidarias, fruto del amor y de un entendimiento inclusivo de la familia humana, tienen su semilla y origen en Dios desde la creación del mundo. Igualmente, la parábola del buen samaritano en Lucas 10.30-37 es otro ejemplo presentado por Jesús que nos reta y nos invita a valorar lo que significa ser prójimo de alguien desde la perspectiva divina. Esta entendimiento, lejos de ser un «masajito al corazón», implica una reorganización de nuestra vida para hacernos próximos y prójimos de los necesitados.

El capítulo 20 atiende a una serie de asuntos combinados, pero les presta más atención a los castigos y a las penas que será necesario pagar por la desobediencia. Es interesante observar que la prohibición contra la adoración a Moloc y de sacrificios humanos se critica por cuanto es un acto de servicio a otra divinidad, y no necesariamente porque se imponga la pena de muerte y se practique la violencia. Es sorprendente ver que, entre las penalidades impuestas en respuesta a diversas violaciones, el mismo texto incluye la pena de muerte.

Anteriormente, hemos abordado el asunto quienes hoy dejan de lado el mensaje de Levítico porque lo consideran irrelevante para los cristianos. Ahora nos interesa llamar la atención a otra actitud relacionada. Hay hoy quienes consideran correcto adoptar o seguir selectivamente ciertas guías, instrucciones o prácticas del libro de Levítico declarándolas normativas para todos los tiempos y para todos los lugares, pero sin aceptar la totalidad de las instrucciones contenidas en el sistema sacerdotal. Nos parece que ambas formas de interpretar el libro de Levítico coinciden o parten de la misma premisa cultural: «o todo o nada». Sorprendentemente, esa es la premisa sobre la cual descansa el sistema cultural sacerdotal del libro de Levítico. En la antigüedad, la perspectiva ante la vida era o todo o nada. Nosotros reiteramos que el valor y la pertinencia del mensaje del libro no está en imponer o rechazar las instrucciones selectivamente y sacadas de su contexto. Por el contrario, debemos ver el mensaje dentro de su situación y comprender la función que jugaba en aquel contexto complejo, independientemente de que estemos o no de acuerdo con lo que dice. Así, evitaremos caer en la tentación de emplear el texto como un látigo; de manipularlo para que responda a nuestros intereses despreciando el contexto y espíritu en que se plasmó.

Los capítulos 21 y 22 tratan sobre una serie de asuntos variados. Las sección 21.1-22.15 se dirige a los sacerdotes, mientras que la sección 22.17-30 se dirige a la comunidad israelita en general. En su mayoría, los asuntos tratados tienen que ver con el culto. La pureza sacerdotal se debe ocupar sobre asuntos de contaminación de cuerpos y de la familia. En Levítico 21.5-6 las prohibiciones de no raparse la cabeza y la manera de cortarse la barba responden a prácticas que prevalecían entre los pueblos vecinos, y el israelita se debía distinguir de ellos. Igualmente, los versículos del 7 al 9 atienden casos de prostitución de esposas e hijas de sacerdotes. El versículo 11 informa al sacerdote sobre los ritos relacionados con casos de muertes y sepelios públicos. A pesar de lo radical que son muchas de las sanciones a quienes violan las reglas, debemos destacar que la preocupación mayor no es de moral, como generalmente pensamos, sino que el pueblo pueda reconocer el status de santidad de la persona. La sección 22.1-9 prohíbe al sacerdote participar de ciertas prácticas como las comidas sagradas mientras se encuentra en un estado de impureza. El sacerdote podrá comer solamente una vez que complete el ritual de purificación de siete días.

El capítulo 23 destaca las fiestas sagradas del año litúrgico y los ritos asociados a esas fechas. Vemos cómo el calendario de las fiestas introduce una estructura de tiempo en el año israelita. Este es un orden construido sobre la base de una visión teológica que provee la estructura necesaria para que el pueblo se organice sobre sus valores, su tiempo y su espacio, y no sobre los valores y tiempo de los pueblos vecinos. El capítulo 24 atiende asuntos que continúan en parte el tema del capítulo 23 sobre la adoración en las fiestas del año, la localización de las lámparas y los panes del santuario. No obstante, el pasaje sobre el castigo por blasfemia y asesinato en los versículos 10 al 23 no parece conectarse con lo anterior ni con lo que sigue.

El capítulo 25 trata de dos temas relacionados: el año sabático (25.1-7) y el año de jubileo (25.8-17). Luego discute preocupaciones y problemas

que pueden surgir en relación con la observación del año de jubileo
(25.18-24). Y, finalmente, comenta una serie de situaciones sobre la
liberación de israelitas que acumulan deudas (25.25-55). De estas
instrucciones se infieren unos valores que van a manifestarse a través del
Antiguo Testamento y del Nuevo. Son medidas que tienen vigencia en el
mensaje de Jesús (Lc 4.16-21; 7.22).

Uno de los puntos medulares que se afirman en este capítulo es que
la tierra no se podrá vender a perpetuidad, porque la tierra le pertenece
a Yavé (25.23-24). La tierra se dividirá entre las tribus. Estas la reciben
como regalo; pero el único dueño de la tierra es Yavé. El israelita que por
motivos de pobreza o de deuda haya tenido que vender la tierra tendrá
derecho a recobrarla en el año de jubileo. Ningún israelita será esclavo
de otro. Las instrucciones presentadas aquí se han descrito por algunos
especialistas como el corazón o el centro de la visión bíblica sobre las
relaciones económicas dentro del pueblo de Dios. Como indicáramos en
el comentario sobre Génesis, el sabath, además de proveer espacio para
la contemplación, presenta la idea del Dios que se impone a sí mismo
como un modelo apropiado para la vida (véanse nuestros comentarios
sobre Ex 16 y Gn 1-2). Así como Dios se impone límites a sí mismo, el
ser humano debe aprender a limitarse, incluso en su labor productiva.
La vida no se debe reducir al trabajo, la producción y la acumulación de
bienes. El llamado a dejar descansar la tierra va más allá de propósitos
agrícolas (que en sí mismos son muy valiosos), pues tiene también el
propósito de obstaculizar los esfuerzos humanos por dominar los medios
de producción que reclaman poseer la tierra a perpetuidad. Por cuanto
la tierra le pertenece a Yavé (y no a ningún terrateniente, rey o sistema)
y es un regalo de él, pretender poseerla en un sentido absoluto es robarle
a Dios mismo. Los hijos de Israel eran un pueblo que había salido de la
esclavitud, y no deberían regresar jamás a la opresión (25.42). El pueblo
debe ocuparse de la buena distribución de la tierra y de sus productos.
La promesa del sabath requiere de parte del pueblo confianza en el
Dios que proveerá para las necesidades en el tiempo que se aparte para
descansar. El israelita debía meditar en este principio todo el tiempo,
particularmente, cada semana en el día del sabath o de descanso, cada
siete años en el año de sabático y cada cuarenta y nueve años en el año
de jubileo. Estas instrucciones eran medidas de justicia social (Dt 15.1-
17). El pensamiento que se le atribuye a Mohandas Gandhi confirma

cómo esta perspectiva sobre la tierra se ha valorado a través de la historia en diversas tradiciones religiosas: «La tierra tiene lo suficiente para el sustento de todos, y no para la ganancia de unos pocos».

Levítico 26 se puede comparar con Deuteronomio 28. Aquí, se plantean las bendiciones asociadas con la obediencia y las maldiciones asociadas con la desobediencia. Se formulan dos posibles escenarios para el futuro (vv. 3-13). El resultado de la fidelidad del pueblo se podrá ver en la promesa de que Dios no sólo morará con ellos, sino que caminará junto a ellos (Gn 3.8; 5.22-24; 6.9). Por otro lado, la consecuencia de la infidelidad se podrá ver en un futuro negativo que se presenta, también, como un caminar en conflicto (26.14-39; Dt 28-32). La parte negativa ya el pueblo la está experimentando. No obstante, el mensaje final es de esperanza (26.40-46). Aun cuando Israel sea infiel al pacto, Dios permanecerá fiel a su promesa: «Aun con todo esto, cuando ellos estén en tierra de sus enemigos, yo no los desecharé, ni los abominaré hasta consumirlos, invalidando mi pacto con ellos, porque yo, Jehová, soy su Dios. Antes me acordaré de ellos por el pacto antiguo, cuando los saqué de la tierra de Egipto a los ojos de las naciones para ser su Dios. Yo, Jehová» (26:44-45).

V. Instrucciones para redimir ofrendas y sacrificios (27)

El capítulo final, el 27, parece fuera de lugar, pues es anticlimático. En el capítulo anterior, se nos había ofrecido la lista de bendiciones y maldiciones; pero termina siempre con la nota positiva (Lev 26.44-46). Ahora, este capítulo 27 trata sobre asuntos relacionados con pagos, por motivo de diversos votos a Dios.

Números

Capítulo 4

*E*l segundo mes del año segundo, el día veinte del mes, la nube se alzó del tabernáculo del Testimonio, y los hijos de Israel partieron del desierto de Sinaí según el orden de marcha. ... (Nm 10.11-12).

El texto citado nos recuerda uno de los temas centrales en el libro de Números, a saber, la experiencia de vida en el desierto, los preparativos para salir del monte de Dios, el Sinaí, y comenzar su travesía por el desierto hasta las llanuras de Moab. El libro de Números nos presenta la vida del pueblo de Dios en un peregrinaje que enfrenta altas y bajas, dificultades y logros. Es un tiempo en el que, a pesar de sus luchas, rebeldías y conflictos, Dios siempre está con ellos. En este libro, vemos el proceso de transición entre la generación que salió del Sinaí, pero que, por sus infidelidades, no pudo entrar a la tierra prometida y la generación que podríamos llamar del relevo. Es la nueva generación que aprendió de la generación anterior a no cometer los mismos pecados y errores de sus antepasados. Se ha comparado el tiempo de Israel en el desierto con el tiempo de la adolescencia de un joven. Es un período de formación de su identidad como pueblo. Es un crecimiento a fuerza de tropiezos, golpes y logros. Es el tiempo entre la liberación de la tierra (mocedad) y la madurez. Este proceso no fue fácil para Israel, pero tampoco lo fue para Dios.

En el Nuevo Testamento, el Apóstol Pablo, en su primera carta a los corintios (1 Co 10.1-11), hace referencia a este libro, para recordarles a sus lectores las experiencias del pueblo en el desierto como medio de aprendizaje, para que la comunidad aprenda de ellas y no cometa los mismos errores: «Todas estas cosas les acontecieron como ejemplo, y están escritas para amonestarnos a nosotros, que vivimos en estos tiempos finales. Así que el que piensa estar firme, mire que no caiga» (1 Co 10:11-12). Al igual que en tiempos de Pablo, hoy, las comunidades cristianas podemos aprender mucho de las situaciones vividas por el pueblo de Dios en el desierto. De hecho, *En el desierto* es el título del libro en el texto hebreo del Antiguo Testamento.

1. Origen del nombre

El título «Números», que aparece en nuestras Biblias en español, procede de la Vulgata latina la cual emplea el nombre *Numeri*. Esta, a su vez, lo tomó de la Septuaginta que emplea el nombre *Arithmoi*. El texto hebreo utiliza la frase *En el desierto*, que aparece en la cuarta palabra hebrea de la primera oración del libro. En Números 1.1 dice: «Y habló Jehová a Moisés *en el desierto* de Sinaí,…». El desierto fue el lugar donde el pueblo entró en Éxodo 15.22. El desierto cubría la extensión de tierra apenas habitada entre Egipto y Canaán. Por su naturaleza aislada, el desierto fue para Israel, así como para los pueblos vecinos, un lugar propicio para la reflexión, la meditación y la toma de decisiones; para auto meditar sobre su vida como pueblo. El desierto era también símbolo de un espacio y un tiempo para enfrentar frustraciones y explorar oportunidades. Algunos especialistas han contextualizado el mensaje del libro de Números tomando en consideración el referente de las generaciones que vemos, también, a través de todo el Pentateuco. Por ejemplo, el libro de Génesis se mueve desde las generaciones de los cielos y la tierra en la creación (Gn 2.4), a las generaciones de los antepasados de las familias de Israel (Gn 12-50). Los libros de Éxodo y Levítico comparten los relatos de las generaciones que vivieron y experimentaron la liberación de Egipto y la revelación de la Torá en el Monte de Dios. En el libro de Números, se produce un proceso de transición generacional. Encontramos la transición de la generación que vivió la liberación y la revelación de la Torá, pero que murió en el desierto —generación que se identifica en el censo de las doce tribus del capítulo 1, y continúa su desarrollo hasta terminar en el capítulo 25. Entre los temas de esta primera parte, prevalecen la rebelión y la muerte. La nueva generación se identifica en la lista del censo en el capítulo 26, pero continúa su desarrollo hasta el capítulo 36. Esta nueva generación del pueblo de Dios se describe en la segunda parte del libro de Números (capítulos 26 al 36). Entre los temas aquí abordados se privilegia la esperanza.

2. Organización del libro

La organización o estructura literaria del libro de Números ha sido motivo de múltiples estudios. No ha sido fácil para los especialistas identificar una organización que refleje la totalidad de los temas del libro. La diversidad y la combinación de temas y géneros literarios tales como estatutos o leyes, relatos de experiencias en el desierto, listas de censos, itinerarios de viajes y bendiciones (como la conocida bendición en 6.22-27) ha creado una variedad de opiniones entre los eruditos sobre la organización del libro. La organización que presentamos a continuación es una combinación de los dos temas principales: la lista de los dos censos, que aparecen en los capítulos 1 y 26, y la descripción de la geografía visitada en la travesía por el desierto:

I. Preparativos para la salida del Sinaí y primer censo (1.1-10.1)
II. Salida del Sinaí y llegada a Cades (10.11-20.21)
III. Salida de Cades y llegada a Moab (20.22-21.35)
IV. Balaam, un adivino y profeta, y la apostasía ante Baal-peor (22-25)
V. Asuntos sobre herencia (26-27)
VI. Ofrendas, festividades religiosas y votos (28-30)
VII. Eventos finales en Moab (31-36)

3. Resumen del libro

I. Preparativos para la salida del Sinaí y primer censo (1.1-10.1)

Los temas que aparecen en esta sección describen los preparativos para la salida de Israel del Sinaí hacia la tierra prometida. Esta primera parte muestra unos aspectos positivos de la organización del pueblo. El pueblo, obedientemente, sigue las instrucciones de Dios para comenzar a caminar desde el Sinaí a la tierra prometida. El censo que se lleva a cabo solamente consideraba a los hombres mayores de 20 años capaces de ir a la guerra (1.3, 18, 20,22, 24, 26, 28, 30, 32, 34, 36, 38, 40, 42 y 45). Servía para mostrar la organización de todos los soldados en un campamento militar. La cifra enorme que ofrece, de 603.550 hombres, ha llevado a los especialistas a comentar sobre cómo entender ese número. Para nosotros, más que un número literal, era una expresión hiperbólica que mostraba cómo Dios los había bendecido. Así, se deseaba mostrar lo extraordinario del crecimiento del pueblo: «Con setenta personas descendieron tus padres a Egipto, pero ahora Jehová ha hecho que te multipliques como las estrellas del cielo» (Dt 10.22). Este es el primer censo desde que salieron de Egipto. Por otro lado, la tradición bíblica siempre ha destacado que la providencia de Dios ha sido el medio o la causa del triunfo del pueblo, y no la fortaleza física o numérica del pueblo: «No por ser vosotros el más numeroso de todos los pueblos os ha querido Jehová y os ha escogido, pues vosotros erais el más insignificante de todos los pueblos, sino porque Jehová os amó y quiso guardar el juramento que hizo a vuestros padres; por eso os ha sacado Jehová con mano poderosa, y os ha rescatado de la servidumbre, de manos del faraón, rey de Egipto» (Dt 7.7-8). Esta lista del censo les proveyó a quienes reflexionaron sobre el tema durante el exilio un sentido de identidad y afirmación tras haber perdido la institución de la monarquía y la tierra misma.

El capítulo 2 nos presenta la forma de organizar el espacio físico que ocuparán las tribus. Este tema, al igual que el capítulo 1 sobre el censo, podría ser poco atractivo o significativo, y aburrido, para el lector moderno. Sin embargo, los estudios en antropología nos señalan el papel que juegan las ideas de organización, orden y estructura de la vida en la cosmovisión antigua. Para ellos, debía existir una correlación estrecha entre esa organización, orden y estructura en la esfera humana y en la esfera divina. Otras manifestaciones o estructuras sociales se asociaban con el caos que, a su vez, se relacionaba con la ausencia de Dios. Quienes leemos estos textos bíblicos hoy, posiblemente podríamos asociar esta cosmovisión súper-estructurada y ordenada con relaciones jerárquicas opresivas. Esto no tiene que ser necesariamente cierto. Quienes fomentamos estilos de vida sencillos y las relaciones de igualdad en nuestras comunidades como expresión de los valores del Reino, también debemos reconocer que para lograr relaciones de paz y justicia necesitamos un orden y unas estructuras mínimas que faciliten y hagan posibles las metas que nos proponemos. El mensaje del libro de Números refleja el entendimiento social de su mundo que, definitivamente, es diferente al nuestro.

En resumen, en estos dos capítulos, Moisés recibe de Dios el mandato de llevar a cabo un censo. Con excepción de la tribu de Leví, que trabaja en otros menesteres del tabernáculo, Moisés recibe ayuda de un representante de cada tribu para cumplir con esa tarea (1.4-16). El censo tiene lugar (1.17-46) y los levitas son eximidos de él (1.46-54). Luego se divide el espacio designando donde el pueblo morará. Dios estará en el centro del pueblo y cada tribu estará en un área particular —unas, al este; otras, al sur; otras, al oeste y otras, al norte del tabernáculo. Esta formación se mantendrá ya sea que el pueblo esté acampado o en marcha.

Los capítulos 3-4 se dedican a censar a los levitas y a describir sus responsabilidades. La mención de la muerte de los dos hijos de Aarón se recuerda, nuevamente, para destacar la seriedad del cargo de los levitas. Todo el pueblo, incluyendo a los levitas, debía alertarse y tomar en cuenta las consecuencias de no seguir las instrucciones del Señor. Interesantemente, la edad de ingresar al cuerpo militar era de veinte años, pero la edad de comienzo para los levitas era de treinta. Evidentemente al levita se le requería más madurez al levita. Además, para él, se determina la edad de retiro en cincuenta años (4.3, 23, 30, 35, 39, 40, 43 y 47). La fuerte tarea de armar y desarmar el tabernáculo y la responsabilidad de seguir las instrucciones de Dios requería que los que trabajaran en esa función tuvieran en una capacidad física, mental y moral más demandante. Las responsabilidades de los levitas se dividen entre los tres hijos de Leví. La tarea de los hijos de Coat se describe en 4.4-20. Tienen la responsabilidad especial de transportar y llevar los utensilios santos del tabernáculo (4.15, 19). Los hijos de Gerson tienen la responsabilidad de llevar las cortinas del tabernáculo (4.21-28). El tercer grupo, los hijos de Merari, tendrán la responsabilidad de transportar las tablas del tabernáculo, sus barras, sus columnas con sus basas, sus estacas y sus cuerdas, con todos los instrumentos y todo lo que se necesita para el servicio del tabernáculo (4.29-33). Es importante observar que cada uno de los primeros cuatro capítulos de Números ha concluido con la misma afirmación: «conforme a la palabra de Jehová, según lo que Jehová le había mandado» (1.54; 2.34; 3.51; 4.49). Esto confirma que la tarea no era un asunto o preocupación de ningún ser humano, sino de Dios.

En conjunto, los dos primeros capítulos fueron dedicados a asuntos de los laicos, y el tercero y cuatro a los levitas. Ahora, los capítulos 5 y 6 se dedican nuevamente a los laicos en general. Ellos deberán mantener la santidad del lugar. Tendrán que trabajar con varias condiciones humanas que crean impurezas (5.1-4). A la persona que peca se le requerirá restitución a aquella contra la cual pecó (5.5-10). El capítulo concluye con un proceso ritual en casos de una mujer bajo sospecha de adulterio (5.11-31). Esta última sección es especialmente problemática por el prejuicio que manifiesta contra las mujeres. La mujer, en este caso, tiene todas las de perder. Resumamos la sección: el ritual se designa en casos de que un hombre sea celoso o sospeche de la infidelidad de su mujer; ya sea que ella haya cometido el adulterio en secreto o en caso de que ella sea inocente. Hay especialistas muy reconocidos que tratan de suavizar estas instrucciones. Alegan que, en este caso, la mujer no llega a sufrir la pena de muerte, como en otros casos. A nuestro juicio, sus argumentos no logran su cometido. Lo escandaloso del caso es que, con la mera sospecha de un hombre celoso que piense que su esposa le ha sido infiel, ella queda sujeta a un proceso ritual. La mera preocupación del hombre es escuchada, pero la mujer no tiene voz ni voto, sino que tiene que someterse al proceso. En el Nuevo Testamento, un caso de acusación de adulterio contra la mujer aparece en Juan 8.1-11. El judío Jesús aborda el caso de forma diferente: «quien esté libre de pecado, que tire la primera piedra». Este es un tema que requiere mucho más espacio que el que le podemos otorgar aquí.

El capítulo 6 se dedica a describir los hombres o las mujeres que se apartan para hacer los votos de los nazareos (6.1-21). La última sección es, quizás, la parte más conocida del libro de Números, la oración sacerdotal de bendición al pueblo (6.22-27). Encontramos la oración que los sacerdotes deben ofrecer por el pueblo, reinterpretada en otros textos del Antiguo Testamento, pero el énfasis final es siempre el mismo (Sal.121.7-8; 67.1-2,6-7; 29.10-11). El propósito último de la bendición es dar la paz, el shalom, la vida plena que Dios ofrece al pueblo y a toda su creación.

El capítulo 7 nos lleva de regreso al momento cuando Moisés había terminado el tabernáculo y lo había consagrado y ungido (véase Lv 8, Ex 40.17). La fecha que se dio antes, en Números 1.1 —«el primer día del segundo mes, del año segundo»— es posterior a lo que ahora se dice en 7.1. El capítulo describe la tarea de mayordomía que el pueblo tiene para responder a la presencia de Dios en el tabernáculo. Si el capítulo anterior expresó lo que Dios haría por su pueblo, el séptimo describe lo que el pueblo hará por su Dios. Este es el capítulo más largo del Pentateuco —ochenta y nueve versículos. Números 7 nos describe las diversas ofrendas que llevarán los líderes de cada tribu al tabernáculo de Dios. Números 8 trata sobre el proceso de consagración de los levitas —tema que, también, se había discutido en Levítico 8. La obediencia del pueblo también se expresa en la celebración de la fiesta de la pascua (Nm 9). La primera celebración fue en Éxodo 12, cuando el pueblo estaba en Egipto y antes de la décima plaga. En Números 9, la segunda celebración de la pascua precede a la salida del Sinaí. Otro tema que se incluye en este capítulo es ¿qué de la persona que por razones de impureza no pueda celebrar la pascua en el día señalado? La respuesta a esta pregunta nos muestra cómo las instrucciones no se daban en el vacío histórico, sino que reflejaban unas vivencias y visiones particulares del pueblo. En 9.15-23 también aparece la nube que simboliza la presencia de Dios en medio del campamento. Sin embargo, la columna aquí no va frente al pueblo como en Éxodo 13.21-22, sino que aquí aparece sobre el tabernáculo, en medio de la formación del pueblo.

La última sección de esta primera parte del libro hace referencia a las dos trompetas de plata que servirán para comenzar la marcha del pueblo (10.1-10).

II. Salida del Sinaí y llegada a Cades (10.11-20.21)

Desde que llegó al Sinaí el pueblo ha estado escuchando la voz de Dios y la de Moisés sobre cómo proceder y conducirse. Ahora, deberá marchar.

La descripción del comienzo de la travesía del pueblo es muy impresionante y refleja entusiasmo (10.11-36). Interesante es, también, el hecho de que Moisés recibe ayuda de su suegro para orientarse en el camino. En otras palabras, la dirección de Dios y la fe en él no tienen necesariamente que excluir la búsqueda de otras ayudas para serle fieles a ese mismo Dios. Pero pronto, la esperanza se viene abajo y las murmuraciones regresan al escenario. Las quejas se pueden dividir en tres clases: (a) Por la dureza de las condiciones en que viven (11.1-30). Dios responde consumiendo parte del campamento, pero Moisés intercede por el pueblo. (b) Por la limitación del «menú» o la comida (11.4-34). (c) La queja de Miriam y Aarón, quizá, por celos con Moisés por la forma en que Dios lo privilegia. «Decían: ¿Solamente por Moisés ha hablado Jehová? ¿No ha hablado también por nosotros?› Y lo oyó Jehová». (Nm 12.2).

El envío de espías para la exploración de la tierra de Canaán (13.1-29) produjo otro problema al comienzo de la travesía. El pueblo les presta más atención a los aspectos negativos de las noticias que trae un grupo de los espías. Dejan de lado el informe positivo de Caleb (13.30-33). La queja del capítulo 14 lleva a un extremo la queja y rebeldía del pueblo: «Designemos un capitán y volvamos a Egipto» (Nm 14.4). El pueblo rechaza todo lo que Dios ha hecho, y solicita otro líder; pero no para continuar hacia la tierra prometida, sino para volver a Egipto. Dios le concede su deseo. Esta generación no entrará a la tierra: «Diles: Vivo yo, dice Jehová, que según habéis hablado a mis oídos, así haré yo con vosotros. En este desierto caerán vuestros cuerpos, todo el número de los que fueron contados de entre vosotros, de veinte años para arriba, los cuales han murmurado contra mí» (Nm 14.28-29, 34). Solamente Caleb y Josué lograrán entrar a la tierra.

El texto en 15.1-21 interrumpe la serie de quejas y noticias negativas al comenzar la travesía. Volvemos a escuchar instrucciones sobre las ofrendas y sacrificios a Dios, ahora, para cuando el pueblo entre a la tierra prometida. Se les facilitan medios cuando se cometen pecados no intencionales por la comunidad (15.22-26) y por personas individuales (15.27-31). En 15.32-36 se presenta el caso de un hombre que trabaja en el sábado, y el capítulo termina con las instrucciones de colocar flecos en los bordes de los vestidos (15.37-41). En el capítulo 16, continúan las quejas y las murmuraciones.

Ahora, un grupo que suman unos 250 líderes dirigidos por Coré continúa la rebelión (16.1-3). La respuesta de Moisés es compleja y se ve en 16.4-17. La consecuencia se encuentra en 16.18-35. Las familias de Coré, Datán y Abirám reciben el juicio de Dios. El pueblo no parece aprender y continúa con sus quejas (16.12-14). Ahora, toda la congregación se rebela, y también sobre ella cae el juicio de Dios. El texto dice que mueren unas 14,600 personas, sin contar los muertos por la rebelión de Coré.

El capítulo 17 continúa tratando sobre el asunto de la rebeldía de ciertos grupos contra Moisés y Aarón. Dios legitima y confirma el liderato de Aarón y de los levitas, mediante la prueba de las doce varas que cada líder del pueblo coloca en el tabernáculo. A la mañana siguiente, se descubre que la vara de Aarón reverdeció y floreció durante la noche (16.7-8).

El capítulo 18 trata sobre los privilegios y las responsabilidades de los sacerdotes (18.1-19) y los levitas (18.22-32). La mayor parte de las instrucciones son dirigidas por Dios a Aarón. Aparte de Levítico 10.8, Números 18.1, 8 y 20 son los únicos otros versículos en que Dios habla directamente a Aarón. El servicio que rinden los sacerdotes y los levitas a la comunidad es un regalo de Dios para el beneficio de ellos. La ayuda y sostén del pueblo para los sacerdotes y los levitas debe ser semejante (18.8-20). Luego la atención pasa a los levitas (18.21-29). Dios les asegura a los levitas que recibirán el diezmo a través de las ofrendas (18.24). A su vez, los levitas darán un diezmo de lo recibido a los sacerdotes (18.28-29). Este capítulo presenta cómo debe ser el sistema económico entre el pueblo, sacerdotes y levitas. El Nuevo Testamento reinterpreta este sistema de apoyo comunitario para quienes sirven al Señor en el templo en 1 Corintios 9.13-14, donde Pablo dice: «¿No sabéis que los que trabajan en las cosas sagradas, comen del Templo, y que los que sirven al altar, del altar participan? Así también ordenó el Señor a los que anuncian el evangelio, que vivan del evangelio» (véase también Mt 10.10; Lc 10.7; 1Tim 5.17-18).

El capítulo 19 se ocupa de la impureza ritual que se adquiere al tocar o estar cerca de cadáveres (19.11-13,16). El proceso ritual se presenta en 19.17-19.

El capítulo 20 comienza diciéndonos que llegaron al desierto de Zin en el primer mes, y el pueblo acampó en Cades. Ahí estarán hasta el capítulo 22.1, cuando llegarán a Moab y acamparán junto al Jordán frente a Jericó. Allí murió Miriam y fue sepultada. El capítulo relata, además, otra ocasión en la que el pueblo sufre por la falta de agua (véase Ex 17.1-7). Los análisis de la respuesta del pueblo a Moisés y la de Moisés y Aarón al pueblo son extensos y complejos. Es a raíz de este evento que Dios le comunica a Moisés que no entrará a la tierra prometida. No hay consenso entre los especialistas sobre cuál fue el motivo para el castigo de Dios a Moisés. Las preguntas y alternativas son variadas. Por ejemplo, ¿realmente el pueblo se estaba quejando injustamente como en ocasiones pasadas, o era su expresión una manifestación genuina de preocupación por no tener agua? ¿fue la respuesta de Moisés y Aarón al pueblo a través de la afirmación y pregunta de los versículos 10b y 11a lo que desagradó a Dios? Allí dice: ««¡Oíd ahora, rebeldes! ¿Haremos salir agua de esta peña para vosotros?» Y alzando su mano, Moisés golpeó la peña con su vara dos veces» (20.10b-11a). ¿Fue la declaración de Moisés al tildar al pueblo de «rebeldes» injustificada, y fue esto lo que provocó la ira de Dios? ¿Sería impropia la actitud de Moisés de golpear la roca dos veces? Es imposible saberlo.

Después de todo esto, Dios los oye y hace brotar agua de la roca (20.7-11). No obstante, el juicio de Dios aparece en el versículo 12: «Pero Jehová dijo a Moisés y a Aarón: ‹Por cuanto no creísteis en mí, para santificarme delante de los hijos de Israel, por tanto, no entraréis con esta congregación en la tierra que les he dado›».

III. *Salida de Cades y llegada a Moab (20.22-21.35)*

En la última sección del capítulo 20 (vv. 22-29) comienza, según nuestra división, la tercera parte principal del libro de Números. En esta tercera parte, se nos informa sobre la última travesía por el desierto antes de entrar a la tierra prometida. La sección que abre esta parte del libro es el relato de la muerte de Aarón (20.22-29), que se vuelve a relatar en (33.38-39 y Dt 32.50). Moisés tuvo que llevar a Aarón y a su hijo Eleazar al monte Hor para hacer el traspaso de la investidura sacerdotal del primero al segundo. Luego muere Aarón y el pueblo hace duelo por él durante treinta días.

El capítulo 21 comienza presentando la victoria sobre los cananeos en Arad (21.1-3). Esta vez, a diferencia del incidente de guerra en 14.39-45, el pueblo consulta a Dios antes de acudir a la guerra. Como en los demás casos bíblicos, es Dios quien da la victoria y entrega al grupo de los cananeos en manos de los israelitas. Luego, en 21.4-9, somos testigos de otra queja del pueblo que manifiesta su falta de confianza en Dios. En esta ocasión, antes de que Moisés interceda, Dios castiga y envía unas serpientes venenosas para que muerdan al pueblo. Frente a la realidad de la muerte por las serpientes, el pueblo reconoce su pecado y le ruega a Moisés que interceda para que termine la plaga. Dios le indica a Moisés que debía colocar una serpiente de bronce en un asta y todo aquel que fuera mordido y mirara a la serpiente de bronce puesta en alto no moría. La respuesta de Dios a Moisés se reinterpreta en el Evangelio de Juan 3.14-15: «Y como Moisés levantó la serpiente en el desierto, así es necesario que el Hijo del hombre sea levantado, para que todo aquel que en él cree no se pierda, sino que tenga vida eterna». Interesantemente, Dios no los libra de las serpientes, pero sí les provee los medios para salvarse de su ataque. Con relación a la petición del pueblo, se ha dicho que ellos oraron incorrectamente. En lugar de orar a Dios para que los librara de las serpientes, debieron orar para que los librara de las actitudes negativas y de la falta de confianza en la misericordia de Dios en momentos de dificultad.

Los versículos del 10 al 20 del capítulo 21 describen la continuación de la travesía. En esta sección, se hace referencia a dos fuentes a las cuales ya no tenemos acceso. Son «el libro de las batallas del Señor» (21.14-15) y «el cántico del pozo» (21.17-18). En lo que resta del capítulo, vemos los encuentros y las victorias de Israel sobre Sehón, rey de los amorreos (21-32) y sobre Og, rey de Basán (33-36).

IV. Balaam, un adivino y profeta, y la apostasía ante Baal-peor (22-25)

Esta unidad incluye otra de las secciones más conocidas del libro de Números (junto a la oración sacerdotal en 6.24-26). El pueblo ha llegado a las llanuras de Moab en 22.1, y permanecerá allí hasta el final del Pentateuco. Las figuras de Balac, rey de Moab, el adivino y profeta Balaam y su asna y el ángel del Señor son protagonistas en esta unidad. Esta unidad se subdivide en cuatro partes: La primera parte incluye los encuentros de Balaam con Dios cuando el rey Balac lo llama para maldecir a Israel (22.1-40). La segunda, los tres intentos del rey Balac de maldecir a Israel a través de Balaam (22.41-24.13). La tercera, la cuarta bendición de Balaam a Israel (24.14-25). Y la cuarta cuenta de la gran apostasía del pueblo en Baal-peor (cap. 25). Los relatos del ciclo Balaam juegan un papel importante en el tema general del libro, pues ocupan un lugar estratégico al momento en que va desapareciendo la generación que muere en el desierto (25) y va surgiendo la nueva generación que entrará a la tierra prometida (26). A través del profeta e intermediario extranjero, Dios bendice a Israel. La última respuesta de Balaam a Balac es un gran modelo para muchos falsos profetas de hoy. La integridad de Balaam no estaba a la venta. «¿No lo declaré yo a los mensajeros que me enviaste, diciendo: ‹Aunque Balac me diera su casa llena de plata y oro, yo no podré traspasar el dicho de Jehová para hacer cosa buena ni mala de mi arbitrio, pero lo que hable Jehová, eso diré yo›?» (Nm 24.12-13).

El capítulo 25 representa el pecado final o la última rebelión de la generación que morirá en el desierto. La adoración de un dios extranjero colma la copa en Baal-peor y provoca el furor de Dios. Han violado el segundo mandamiento (Ex 20.2). Así alcanza su grado máximo el pecado del pueblo y de la generación de israelitas que salieron de Egipto. Los veinticuatro mil israelitas que mueren representan el remanente que quedaba de esa vieja generación (25.9). Este incidente se compara con la adoración del becerro de fundición en el Sinaí (Ex 32.1-35). El pueblo había pecado y sido rebelde contra Dios y Moisés, pero nunca había adorado a otros dioses como en Baal-peor.

V. Asuntos sobre herencia (26-27)

El censo que se hace en el capítulo 26 trae consigo la esperanza de la nueva generación. El primer censo en Números 1 señaló el comienzo de la marcha a partir del monte de Dios y a través del desierto. La pregunta de fondo que está en los relatos de la primera parte del libro es: ¿Cómo podrá este Dios santo morar en medio de este pueblo pecador? Las instrucciones y leyes que se ofrecen proveen la forma en que el pueblo puede ser propicio a que Dios more entre ellos. El segundo censo, en Números 26, marca el comienzo de la nueva generación. La preocupación que sirve de trasfondo para los capítulos 26 al 36 es: ¿Podrá esta nueva generación vivir a la altura de la santidad de Dios, o regresará a los viejos estilos de vida de la primera generación? Sin embargo, debemos destacar que la afirmación que encontramos en el fondo de todo el libro es que Dios es el mismo desde la creación, siempre fiel a su promesa y a su pacto. Dios no cesa de buscar los medios para lograr sus propósitos de plenitud de vida para toda la creación, a través del pueblo de Israel.

El censo que se llevó a cabo en Números 26 tenía la finalidad de explorar con más claridad cómo se iba a dividir la tierra entre las tribus del pueblo. La división se hacía de acuerdo al tamaño de la tribu (26.52-56). En el capítulo 27.1-11, nos encontramos con el caso de las hijas de Zelofehad, quien murió sin dejar hijos varones como herederos (Nm 36.1-12). Sus hijas Maala, Noa, Hogla, Milca y Tirsa reclaman que las instrucciones de herencia las protejan, la instrucción existente sólo protegía a los herederos varones (Dt 21.15-17). Moisés acude al Señor para pedir consejo. Dios determina que la propiedad debe permanecer en posesión de la familia original. En este caso, encontramos un modelo excelente sobre cómo las instrucciones o las leyes que Dios ofrece son pensadas y repensadas creativamente según las situaciones imprevistas que surgen. En el caso de la distribución de la tierra, la finalidad de la instrucción nunca se debe perder de vista. La instrucción se establece para afirmar la distribución equitativa de la tierra, que procura que ninguna tribu quede sin tener lo suficiente para vivir.

Números 27.12-23 concluye el capítulo presentando el proceso del traspaso del liderato de Moisés a Josué, por medio de un ritual dirigido por el nuevo sacerdote y sucesor de Aarón, su hijo Eleazar. Interesantemente, Josué es descrito por Dios como «el hombre en el cual hay espíritu». Esto se puede traducir libremente también como «la persona cuya personalidad y coraje le capacitan para suceder a Moisés y dirigir al pueblo». Dios prepara, da dones y luego llama a sus siervos.

VI. Ofrendas, festividades religiosas y votos (28-30)

Estos tres capítulos describen varias ofrendas, fiestas y votos que Israel deberá ofrecer al Señor. La nueva generación es llamada a observar las fiestas y ofrendas que Dios había ordenado. Entre ellas están: ofrendas diarias (28.1-3); el día de reposo (28.9-10); holocausto al comienzo del mes (28.11-15); fiesta de la pascua y el pan sin levadura (28.16-25); fiesta de las semanas o los primeros frutos (28.26-31); ofrenda del nuevo año (29.1-6); ofrenda del día de expiación o de redención (29.7-11); ofrendas de los tabernáculos (29.12-38).

El capítulo 30 ofrece las instrucciones para los hombres y mujeres que hacen votos comprometiéndose con el Señor para algún propósito. El compromiso con la observación de las festividades, de las ofrendas y de los votos emitidos es reflejo de la vida disciplinada y ordenada que el Dios santo espera de su pueblo.

VII. Eventos finales en Moab (31-36)

Los últimos capítulos del libro de Números presentan varios asuntos. El primero es la orden divina de ir a la guerra contra los madianitas (31). En el capítulo 25, esta guerra se interpreta como una venganza por el incidente de infidelidad del pueblo en Baal-peor. En contraste, en este capítulo se le presenta como resultado de la obediencia de la nueva generación a las instrucciones de Dios. Varios intérpretes han destacado las contradicciones que manifiesta esta sección del libro de Números con relación a la ética en la guerra. Por un lado, la guerra es ordenada por Dios, y se lleva a cabo un ritual para realizarla. Por otro lado, matar es contaminarse y se requiere un rito de purificación de siete días para descontaminarse (31.19). Ciertamente, muchos especialistas reconocen que la idea de la guerra santa y la matanza de personas, como se expresa en estos capítulos del libro de Números, es una actividad que se estimuló en el período de la conquista, pero que no es consistente con las ideas principales de justicia y paz que prevalecen en el resto de las Escrituras. En la mayor parte de los textos bíblicos, la imagen que predomina de Dios no es la de un Dios vengativo ni violento, sino al contrario, la de un Dios de amor, paz y justicia. Es un Dios que está dispuesto a sufrir antes de hacer sufrir (Isa 2.2-4; 53.3-12). Sin pretender negar la realidad de violencia que se manifiesta en estos textos, hay que reconocer que la idea de la guerra santa no fue un modelo que proveyó un ejemplo continuo para el pueblo de Israel. De hecho, la guerra librada en contra de los cananeos con la finalidad de que los enemigos no representaran una tentación a adorar a otros dioses, nunca logró los resultados esperados (Jue 2.1-5).

El capítulo 32 presenta el surgimiento de un posible conflicto. Dos de las tribus de Israel (Gad y Rubén, y luego se incluye Manasés) no desean asentarse dentro de las fronteras de la tierra prometida. Prefieren disfrutar de los ricos pastos en la región este del Jordán. Pero finalmente Moisés y las dos y media tribus negocian para que las tribus retengan sus territorios, pero también participen en la conquista. Si Canaán iba a ser conquistada, todos tenían que participar. No había lugar para espectadores.

El capítulo 33 hace un resumen jornada por jornada de la travesía desde Egipto hasta Moab, siempre reconociendo la compañía de Dios en el trayecto. El capítulo 34 describe los límites de la tierra prometida (34.1-15) e identifica a las personas encargadas de los territorios, según las tribus (34.16-19). El capítulo 35.1-8 describe las cuarenta y ocho ciudades que se darán a los levitas para que ellos las habiten (35.9-15). De entre estas, seis serán ciudades de refugio donde un homicida pueda hallar asilo que le proteja de la venganza de los allegados al difunto (35.16-34). El último capítulo (36) discute el matrimonio de mujeres que tengan herencias. Varios especialistas sugieren que, originalmente, esta sección pudo muy bien seguir al capítulo 27.11, donde ya se había planteado esta cuestión.

Deuteronomio

Capítulo 5

*E*stas son las palabras que habló Moisés a todo Israel a este lado del Jordán, en el desierto, en el Arabá, frente al Mar Rojo...(Dt 1.1)

Esta es la primera oración del libro de Deuteronomio, y nos ayuda a entender la naturaleza del mensaje de este libro. Todo el libro se organiza como un discurso de despedida que Moisés ofrece a todo el pueblo de Israel, en la víspera de la entrada a la tierra de Canaán (Dt 1.1; 31.1-13). En este discurso de despedida, Moisés les repasa la historia del pueblo hasta ese momento. También les vuelve a comentar las instrucciones y leyes que él mismo ya había comunicado de parte de Dios, desde el libro del Éxodo. Ahora, con un estilo más exhortativo, les advierte de los posibles peligros que pueden enfrentar. También les comenta sobre el estilo de vida que deben llevar para agradar al Señor en la nueva tierra que van a habitar.

Hay varios datos interesantes respecto al libro de Deuteronomio. Mientras el libro de Números cubre un período de aproximadamente cuarenta años (si comparamos Nm 1.1 con Nm 33.38), el libro de Deuteronomio, tal como lo encontramos en el texto, dice haberse ofrecido en un periodo de un día o, cuando más, unos días. Esto se confirma cuando comparamos la información en Deuteronomio 1.3, «Y aconteció que a los cuarenta años, el primer día del undécimo mes, Moisés habló a los hijos de Israel conforme a todas las cosas que Jehová le había mandado acerca de ellos», con 32.48-50, «Aquel mismo día Jehová habló a Moisés y le dijo: Sube a estos montes de Abarim, al monte Nebo, situado en la tierra de Moab que está frente a Jericó, y mira la tierra de Canaán, que yo doy por heredad a los hijos de Israel. Muere allí en el monte al cual subes, y te reunirás a tu pueblo, así como murió Aarón, tu hermano, en el monte Hor, y se reunió a su pueblo». Si tomamos el texto tal cual aparece, en un día, Moisés debió ofrecer tres discursos (1.1; 5.1; 29.1), un sermón (31.7-8), componer dos poemas (32; 33) y finalmente morir. Aunque esto no es imposible, nos parece que la intención teológica transciende el sentido literal del marco cronológico del texto. Por otro lado, mientras el pueblo de Israel estuvo acampando en el monte Sinaí u Horeb, desde los relatos de Éxodo 19 hasta Números 10.11, el pueblo acampó en las llanuras de Moab durante todo el mensaje de Deuteronomio, esto es, aproximadamente un día.

El nombre del libro viene de la palabra griega *deuteronomion*, que encontramos en la antigua versión griega (la Septuaginta), en Deuteronomio 17.18. *Deuteros nomos* se ha traducido como «segunda ley o instrucción». Esa traducción griega es una interpretación del texto hebreo, que se refiere a «…una copia de la ley». Pero esa traducción puede confundir a algunos. El libro de Deuteronomio realmente no presenta una segunda ley, sino un repaso de la misma instrucción, ofrecido ahora por Moisés, como un discurso de despedida del pueblo. En hebreo, el libro se conoce con el nombre de *ele hadebarim*, «estas son las palabras» (Dt. 1.1). A través de todos los primeros cuatro libros del Pentateuco, las leyes e instrucciones han sido presentadas como la revelación de Dios a Moisés. Sin embargo, en el libro del Deuteronomio son ofrecidas como las palabras que Moisés dirigió a todo Israel en el desierto del Jordán, antes de entrar a la tierra prometida (Dt 1.1).

1. Organización del libro

El Deuteronomio es el quinto y último libro del Pentateuco. Los especialistas lo han organizado de varias formas. Nosotros vamos a compartir cuatro maneras de organizar o hacer sentido del mensaje del libro. Cada una de ellas tiene sus aspectos positivos y limitaciones. Ninguna estructura, en sí misma, pretende agotar todos los aspectos importantes del libro. Nosotros privilegiamos la cuarta estructura organizativa, porque nos parece que es la más adecuada para la comprensión del libro en los contextos de nuestras congregaciones. No obstante, esa cuarta manera de estructurar el libro, también podría tener sus limitaciones.

La primera manera que presentamos consiste en dos partes: La parte medular o central está entre los capítulos del 12.1 al 26.15. La segunda parte le provee un marco a esa parte central, y consiste en la introducción (1.1-11.32) y el epílogo (26.16-34.12). Aunque esta organización no refleja una uniformidad completa, sí mantiene la forma principal del libro como un discurso de Moisés dado a Israel, antes de su entrada a la tierra prometida.

La segunda forma de organizar el libro toma en consideración las cuatro introducciones que tiene. La primera introducción está en Deuteronomio 1.1: «Estas son las palabras que habló Moisés a todo Israel a este lado del Jordán, en el desierto, en el Arabá, frente al Mar Rojo, entre Parán, Tofel, Labán, Hazerot y Dizahab». Esta introducción establece la naturaleza del mensaje de todo el libro. La segunda introducción se encuentra en 4.44-49: «Esta, pues, es la ley que Moisés puso delante de los hijos de Israel. Estos son los testimonios, los estatutos y los decretos que dictó Moisés a los hijos de Israel cuando salieron de Egipto, a este lado del Jordán,…». La tercera introducción se halla en Deuteronomio 29.1: « Estas son las palabras del pacto que Jehová mandó a Moisés que celebrara con los hijos de Israel en la tierra de Moab, además del pacto que concertó con ellos en Horeb». La cuarta introducción, que abre la última parte del libro, está en Deuteronomio 33.1: «Fue Moisés y le dirigió estas palabras a todo Israel».

La tercera manera de organizar el libro toma en cuenta los diversos subtítulos que identifican los materiales variados que encontramos en él. Por ejemplo:

Prólogo histórico en la forma de memorias de Moisés (1.1-4.43)
Exhortaciones explicando el lugar y el significado de la ley (4.44-11.32)
El «código» de la ley (12.1-26.15)
Advertencias y avisos adicionales (26.16-28.68)
Pacto en los llanos de Moab (29.1-32.52)
Despedida de Moisés, bendición y muerte (33.1-34.12)

La cuarta manera de organizar el libro, y la que nosotros privilegiamos, es la siguiente:

I. Primer discurso de Moisés (1-4)
II. Segundo discurso de Moisés (5-28)
III. Tercer discurso de Moisés (29-32)
IV. Muerte de Moisés (33-34)

2. Resumen del libro

I. *Primer discurso de Moisés (1-4)*

Este primer discurso de Moisés, no sólo se emplea para introducir y comprender todo el mensaje del libro de Deuteronomio, sino que también sirve para introducir la obra y el mensaje que llevan los libros desde Josué hasta 2 de Reyes. Los especialistas señalan que desde Éxodo hasta Números hemos visto que las instrucciones y leyes del Pentateuco se han presentado como las palabras de Dios ofrecidas a través de Moisés —con excepción del Decálogo, que se presenta como palabra directa de Dios. En el libro de Deuteronomio, el mensaje se presenta como las palabras de Moisés dirigidas a la nueva generación que va a iniciar su entrada a la tierra prometida.

Los tres primeros capítulos de los cuatro que abarca este primer discurso de Moisés ofrecen un repaso de la historia de Israel en su travesía desde el monte de Dios hasta las llanuras de Moab. El primer capítulo presenta a Moisés compartiendo sus memorias y destacando las situaciones adversas que vivió el pueblo a través de aquella peregrinación. Aquí, vemos a Moisés comenzando el relato desde la revelación en el monte de Dios. (Aquí se le da el nombre de «Horeb», mientras que en Éxodo se le llama «Sinaí». Son dos maneras de referirse al mismo monte que probablemente reflejan dos tradiciones diferentes.) El interés principal es darle fuerza a la historia que se relata relacionándola con la revelación y la acción de Dios durante todo ese tiempo. Se alude a los cuarenta años en el desierto para traer a la memoria una serie de problemas que vivió el pueblo. Se hace referencia especial a la vieja generación, que debido a sus rebeliones y falta de fidelidad a Dios, no entrará a la tierra. Esta sección también sirve para entrelazar este recuento histórico al inicio del libro con todos los eventos anteriores que se han presentado en los libros del Pentateuco. Se la ha llamado a esta historia que se presenta en Deuteronomio, la «historia deuteronomista», pues es muy peculiar a este libro y tiene unas características particulares que veremos más adelante. Es interesante observar que el relato no comienza haciendo alusión al Génesis, sino a la revelación en el monte de Dios. Se hace también mención de las victorias sobre varios reyes en la historia reciente, para demostrar cómo el Dios que les ha acompañado durante la travesía por el desierto los sigue acompañando todavía. Por un lado, estos capítulos destacan que no habrá tierra prometida si no hay un pueblo que confíe y sea fiel a Dios. Por otro lado, continuamente les recuerda que no es por el mérito (Dt 9.4) ni el poder del pueblo (Dt 7.7) que verán cumplida la promesa de la tierra, sino por la misericordia y justicia de Dios. Desde 1.19 se nos muestra un pueblo en peregrinaje desde Horeb/Sinaí. El pecado del pueblo en esa travesía no es el orgullo que se expresa en Génesis 3, sino el temor y la falta de confianza en el Dios que ha probado ser fiel al pueblo. Desde el inicio del capítulo primero, se articula el discurso de Moisés de tal forma que el pueblo cobre fortaleza y confianza en Dios. Se ha comparado este capítulo con un manual de instrucciones para que el pueblo pueda vivir en la nueva tierra.

El cuerpo del discurso (2.1-3.11) informa sobre los logros, luchas y victorias que han tenido ante los pueblos vecinos, pero también sobre los progresos lentos para alcanzar sus metas. Por medio de este relato, se va mostrando un Dios que está en control de la historia. El mismo relato se encuentra, también, en Números 20-21; 33.37-49. Tiene un propósito teológico evidente. A pesar de las dificultades encontradas, Dios está guiando la historia y la está llevando hasta lograr sus propósitos. Se describe aquí, la marcha de Israel a través de varias naciones: Edom, Moab y Amón (2.1-23). Pero es interesante que este peregrinaje del pueblo sea relativamente pacífico, pues es Yavé quien le dará la victoria a Israel.

En 3.12-29 se narra la primera distribución de la tierra por Moisés para las tribus de Gad, Rubén y Manasés en Transjordania. La condición para poder tomar estos territorios es que estas tribus también participen en la conquista de la tierra. La figura de Moisés se proyecta como un modelo de líder que ama a su pueblo, pero que también sufre ante sus rebeldías e infidelidades.

En el capítulo 4, Moisés concluye su primer discurso exhortando al pueblo sobre la importancia de permanecer fieles al llamado de Dios. Este primer discurso termina con una referencia a las ciudades de refugio (discutidas también en Dt 19.1-13; Ex 21.13; Nm 35.9-15). Esto se ha descrito como un ejemplo de una de las preocupaciones y temas privilegiados en el libro, a saber, la justicia social que debe prevalecer entre el pueblo. Los versículos del 44 al 49 presentan la introducción al segundo discurso, que comienza en el capítulo 5.

II. Segundo discurso de Moisés (5-28)

El segundo discurso se ha dividido en dos partes. La primera abarca los capítulos del 5 al 11, donde se ofrece una serie de testimonios, estatutos, decretos e instrucciones sobre el Decálogo, el pacto y la exhortación conocida como el *Shemá*. En los capítulos 12 al 28, encontramos la segunda parte. Esta se subdivide a su vez, pues contiene, primero, el llamado «código de instrucciones/leyes» o «ley deuteronómica» (Dt 12-26) y luego concluye con unas advertencias y leyes adicionales (Dt 27-28). Este segundo discurso tiene un estilo exhortativo (o parenético) —o, ¿por qué no llamarlo pastoral?

A. El Decálogo (5)

Antes de comenzar propiamente con el Decálogo, Moisés le recuerda al pueblo que el Señor hizo pacto con ellos, y no sólo con sus antepasados (5.2-3). Moisés se había referido antes al pacto que Dios había hecho con los padres o antepasados del pueblo de Israel (4.31). ¿Con quién fue finalmente que Dios hizo el pacto? Moisés no está diciendo que está a punto de hacer otro pacto con la nueva generación, sino que los invita a que se apropien del mismo pacto que Dios hizo con sus padres. De la forma que está redactado el texto, cada generación que lee esta declaración entenderá que el pacto que Dios está haciendo es con ella: «Jehová, nuestro Dios, hizo un pacto con nosotros en Horeb/Sinaí. No con nuestros padres hizo Jehová este pacto, sino con nosotros, todos los que estamos aquí hoy vivos» (Dt 5.3).

Luego, continúa con el Decálogo o los Diez Mandamientos y pasa a explicar en forma de exhortación lo que se requerirá de la nueva generación que entrará en la tierra. Varios intérpretes han comparado la función del Decálogo con el papel que juega la constitución en un país. Así podríamos entender el Decálogo como el documento que contiene los valores y principios que sirven como «la constitución» más antigua de Israel. El decálogo, estrictamente hablando, se encuentra en 5.6-21 y sirve de introducción a las instrucciones que se expondrán en los capítulos del 12 al 26. Al final del Decálogo, el versículo 33 expresa el propósito de estas instrucciones o leyes que han sido expuestas, incluyendo el Decálogo mismo: «…para que viváis, os vaya bien y prolonguéis vuestros días en la tierra que habéis de poseer». Esta afirmación repite lo que ya se ha declarado en muchos lugares del Pentateuco, la finalidad de todas las instrucciones o leyes en el Pentateuco. De ahí, que el Deuteronomio en su totalidad ha sido llamado por algunos especialistas «el evangelio de Antiguo Testamento».

El objetivo último de las leyes, que no debían olvidar, era que pudieran vivir bien, vivir en plenitud en la tierra que iban a poseer. El orden y la redacción de esta versión del Decálogo difieren de Éxodo 20.1-17. Algunos han analizado y subdividido el Decálogo en cinco temas diferentes que se relacionan con el libro de la ley o instrucciones (12-26): La primera sección trata sobre el culto a Dios (Dt 5.6-10): «Yo soy Jehová, tu Dios, que te saqué de tierra de Egipto, de casa de servidumbre. No tendrás dioses ajenos delante de mí. No harás para ti escultura ni imagen alguna de cosa que está arriba en los cielos, ni abajo en la tierra, ni en las aguas debajo de la tierra. No te inclinarás a ellas ni las servirás, porque yo soy Jehová, tu Dios, fuerte, celoso, que visito la maldad de los padres sobre los hijos hasta la tercera y la cuarta generación de los que me aborrecen, y hago misericordia a millares, a los que me aman y guardan mis mandamientos». La segunda sección trata sobre el empleo del nombre de Dios (5.11): «No tomarás el nombre de Jehová, tu Dios, en vano, porque Jehová no considerará inocente al que tome su nombre en vano». La tercera sección tiene que ver con el sábado o día de descanso (5.12-15): «Guardarás el sábado para santificarlo, como Jehová, tu Dios, te ha mandado. Seis días trabajarás y harás toda tu obra, pero el séptimo día es de reposo para Jehová, tu Dios. Ninguna obra harás tú, ni tu hijo, ni tu hija, ni tu siervo, ni tu sierva, ni tu buey, ni tu asno, ni ningún animal tuyo, ni el extranjero que está dentro de tus puertas, para que tu siervo y tu sierva puedan descansar como tú. Acuérdate que fuiste siervo en tierra de Egipto, y que Jehová, tu Dios, te sacó de allá con mano fuerte y brazo extendido, por lo cual Jehová, tu Dios, te ha mandado que guardes el sábado». La cuarta sección gira en torno al trato a los padres (5.16): «Honra a tu padre y a tu madre, como Jehová, tu Dios, te ha mandado, para que sean prolongados tus días y para que te vaya bien sobre la tierra que Jehová, tu Dios, te da». La quinta y última sección tiene que ver con la protección al prójimo (5.17-21): «No matarás. No cometerás adulterio. No hurtarás. No dirás falso testimonio contra tu prójimo. No codiciarás la mujer de tu prójimo, ni desearás la casa de tu prójimo, ni su tierra, ni su siervo, ni su sierva, ni su buey, ni su asno, ni cosa alguna de tu prójimo».

B. Dios es uno (6)

El capítulo 6 se destaca por el mandato de Moisés llamado el *Shemá*. Esta es una afirmación que ha sido muy reconocida entre judíos y cristianos a través de la historia. La palabra *shemá* es el imperativo del verbo hebreo, «escucha» u «oye». Generalmente se traduce como: «Oye, Israel: Jehová, nuestro Dios, Jehová uno es. Amarás a Jehová, tu Dios, de todo tu corazón, de toda tu alma y con todas tus fuerzas» (6.4-5). Pero ¿Cuál es la relación lógica entre afirmar que Dios es uno y que debemos amarle? ¿Por que Moisés pronuncia este mandato? Primero, reconocemos que la relación entre afirmar que Dios es uno y que debemos amarle no ofrece una continuidad lógica si interpretamos la afirmación «Dios uno es» en el sentido aritmético de la palabra, en el sentido sencillo de que Dios es uno en contraposición a no creer en muchos dioses. La expresión monoteísta de creer en un solo Dios en los tiempos bíblicos no tenía un interés conceptual u ontológico —esto es, relacionado con el Ser de Dios. Tenía, más bien, una preocupación ética. Por ejemplo, por cuanto Dios es uno (el mismo) de generación en generación, este Dios no es un Dios caprichoso, antojadizo ni impredecible. Por tanto debemos amarlo. Se puede confiar en este Dios, pues es el mismo ayer, hoy y por los siglos. Por cuanto las promesas que hizo a los antepasados de Israel, al igual que la liberación que produjo con el pueblo oprimido, siguen siendo sus metas, objetivos y valores para todos los pueblos, debemos amarle. Dios es amable, pero no en el sentido de que es cortés o tratable, sino en el sentido de que se puede confiar en él y se le puede amar.

Segundo, cuáles son los motivos para que Moisés pronuncie este mandato de amar a Dios está en el capítulo anterior, en el Decálogo discutido. Moisés está afirmando que el pueblo debía amar a Dios como respuesta al amor divino. Los primeros cuatro capítulos repasan la historia de los hechos salvadores de Dios con su pueblo. Entonces, es en respuesta a esos hechos liberadores y misericordiosos de Dios que el pueblo debe amarle. El amor a Dios, en otras palabras, nace, crece y se desarrolla en gratitud y acción de gracias por todo lo que Dios ha hecho con y por su pueblo. El amor a Dios es la respuesta del corazón y de todo el ser por todos sus beneficios (Sal 103.1-14). Así, vemos que el imperativo no es un mandato legalista, sino que, por el contrario, es la respuesta del pueblo a la gracia del Señor. El llamado a la obediencia no establece la relación con Dios. Dios mismo, en su iniciativa misericordiosa, comenzó la relación con su pueblo y los hizo su posesión, su tesoro, su pueblo elegido. El mandato en Deuteronomio 6.4 se entiende como una guía para la nueva vida. El marco relacional es la base del mandato o ley. La historia de Israel ha demostrado que, tan pronto esa relación entre los hechos salvadores y el mandato se pierde, las instrucciones o guías se vuelven impersonales. Se reducen a unas leyes en el sentido más estrecho de la palabra, y la relación de gracia y misericordia se convierte en una relación de desgracia, legalista, inflexible, intolerante y mecánica. En fin, la relación se cosifica, se reduce a una cosa y muere.

Aquí, como en otros lugares del Deuteronomio, el llamado a amar a Dios en 6.5 se relaciona con la obediencia a Él (6.6; 10.12; 11.1, 13, 22; 19.9; 30.16). La relación de amor y obediencia entre Dios y su pueblo se expresa, en última instancia, en una relación ética comunitaria: «Ahora, pues, Israel, ¿qué pide de ti Jehová, tu Dios, sino que temas a Jehová, tu Dios, que andes en todos sus caminos, que ames y sirvas a Jehová, tu Dios, con todo tu corazón y con toda tu alma?» (Dt 10.12).

C. Llamado a recordar las acciones de Dios (7-11)

En los próximos cinco capítulos, Moisés llama al pueblo a recordar las acciones de Dios. El capítulo 7 ofrece una serie de exhortaciones sobre cómo el pueblo se debe conducir cuando llegue a la tierra prometida. La separación de las prácticas y de los pueblos cuya tierra van a poseer deberá ser absoluta. Allí, no se permitirá ningún tipo de relación o pacto con esos pueblos (7.2-5, 16-26). La razón por la cual se deben de distinguir de los demás pueblos es la elección, lo que los lleva a ser un pueblo santo. De ahí, que deben mantener una conducta que refleje el pacto con su Dios: «Porque tú eres pueblo santo para Jehová, tu Dios; Jehová, tu Dios, te ha escogido para que le seas un pueblo especial, más que todos los pueblos que están sobre la tierra» (7.6). Si ellos obedecen, Dios los continuará protegiendo y los bendecirá (7.12-15). Aquí, es necesario presentar una palabra de advertencia. Una cosa es mantener una ética que defienda y sostenga estilos de vida cónsonos con las enseñanzas y valores de este Dios creador y liberador, donde se rechacen de manera absoluta los «estilos de muerte», caracterizados por Egipto y por Canaán, en donde la vida se reduce a servir a los propósitos explotadores del faraón de turno. Pero otra cosa diferente es que, en virtud de que es el pueblo elegido de Dios, se cree un sentido de superioridad sobre todos los demás grupos, pueblos y religiones. A través de la historia, el pueblo de Dios ha caído en la tentación de adoptar actitudes de soberbia y de orgullo que han creado guerras y fomentado xenofobias —esto es, miedos, odios y hostilidades en contra de los extranjeros y los pueblos diferentes a ellos. Moisés les hablará de ese peligro en Deuteronomio 10.17-19: «Porque Jehová, vuestro Dios, es Dios de dioses y Señor de señores, Dios grande, poderoso y temible, que no hace acepción de personas, ni recibe sobornos, que hace justicia al huérfano y a la viuda, que ama también al extranjero y le da pan y vestido. Amaréis, pues, al extranjero, porque extranjeros fuisteis en la tierra de Egipto». Muy fácilmente la preocupación por la santidad se puede deformar y llevar a actitudes farisaicas y puritanas mal encaminadas. Moisés vuelve a advertir a Israel de esos riesgos: «Porque tú eres pueblo santo para Jehová, tu Dios; Jehová, tu Dios, te ha escogido para que le seas un pueblo especial, más que todos los pueblos que están sobre la tierra. No por ser vosotros el más numeroso de todos los pueblos os ha querido Jehová y os ha escogido, pues vosotros erais el más insignificante de todos los pueblos, sino porque Jehová os amó y quiso guardar el juramento que hizo a vuestros padres; por eso os ha sacado Jehová con mano poderosa, y os ha rescatado de la servidumbre, de manos del faraón, rey de Egipto» (Dt 7.7-8).

Los capítulos 8 y 9 continúan las exhortaciones y la invitación al pueblo a no olvidar a su Señor, no sea que se envanezca y piense que su poder y su fuerza son los que le han producido su riqueza. Recalcando lo que dijo en el capítulo anterior, Moisés le vuelve a recordar a Israel que no es por su justicia ni por la rectitud de su corazón que va a poseer la tierra. Israel no debe olvidar sus rebeldías pasadas, y Moisés incluye en su recordatorio el becerro que habían hecho en Horeb/Sinaí (9.21). El capítulo termina con Moisés recordándole al pueblo su función de intercesor. El libro de Deuteronomio proyecta a Moisés también como maestro (5.1-5, 22-33; 6.1-3), como profeta (18.9-22) y como siervo sufriente (3.12-29). En todas estas funciones se refleja un modelo del líder del pueblo de Dios, que merece ser estudiado y comparado con los modelos de líderes que prevalecen en nuestro tiempo.

En 10.12 al 11.32 Moisés resume su segundo sermón. Un tema que merece la pena destacar está en 10.16-19: «Circuncidad, pues, el prepucio de vuestro corazón, y no endurezcáis más vuestra cerviz. Porque Jehová, vuestro Dios, es Dios de dioses y Señor de señores, Dios grande, poderoso y temible, que no hace acepción de personas, ni recibe sobornos, que hace justicia al huérfano y a la viuda, que ama también al extranjero y le da pan y vestido. Amaréis, pues, al extranjero, porque extranjeros fuisteis en la tierra de Egipto». Desde muy temprano en la historia, el texto presenta a Moisés reconociendo la necesidad de que la verdadera circuncisión sea del corazón y de la mente, y no meramente del tejido exterior del pene, el prepucio (véase Jer 31.33). Este mensaje resuena también en 11.18-21 y 6.6-8, donde se indica que las guías e instrucciones de Dios para la vida del pueblo debían colocarse en lugares de fácil acceso, en lugares que reflejen el valor que se les otorga, y no esconderse para que se olviden. Esto confirma lo que indicamos en la introducción, que la Torá, en sus orígenes, no pretendió ser un régimen impositivo o legalista sino un medio de orientación y de gracia.

D. Instrucciones y leyes (12-26)

Finalmente recibimos, en los próximos 15 capítulos, el código o bloque de instrucciones y leyes que se habían prometido en 1.5, pero que no se han dado todavía porque lo que siguió a esa promesa fue un repaso histórico de Israel. Muchas de las instrucciones y leyes que vamos a encontrar aquí, ya han sido discutidas en otros libros del Pentateuco. Otras aparecen por primera vez en el libro de Deuteronomio.

En círculos académicos, a este bloque de textos se le conoce como el *Código Deuteronómico* (véanse nuestros comentarios en la introducción a Deuteronomio). Muchos eruditos, a través de la historia de la interpretación, asocian el contenido de estos capítulos con el libro que encontró el sacerdote Hilcías en el templo de Jerusalén, según se cuenta en 2 Reyes 22.8. «Entonces el sumo sacerdote Hilcías dijo al escriba Safán: ‹He hallado el libro de la Ley en la casa de Jehová›. E Hilcías entregó el libro a Safán, quien lo leyó». Se asume que la reforma que luego implantó Josías surgió y se basó en el contenido de Deuteronomio 12-26: «Después, puesto en pie junto a la columna, el rey hizo un pacto delante de Jehová, comprometiéndose a que seguirían a Jehová y guardarían sus mandamientos, sus testimonios y sus estatutos, con todo el corazón y con toda el alma, y que cumplirían las palabras del pacto que estaban escritas en aquel libro. Y todo el pueblo confirmó el pacto» (2 R 23.3). Se cree que este cuerpo de instrucciones o leyes sirvieron como una suerte de constitución nacional para Israel. En este documento se destacan una serie de temas, entre ellos la centralización de la adoración en Jerusalén y la protección a los pobres, a las viudas y a los huérfanos.

Este bloque de instrucciones y leyes discute una variedad de asuntos. A través de la historia de la interpretación de este texto, se ha intentado descubrir la organización lógica de estos mandamientos. Algunos han propuesto la idea de que aparenta haber una relación entre estos capítulos (12-26) y el Decálogo que encontramos en Deuteronomio 5.6-21. Esa relación puede verse en la tabla que sigue.

Texto en Deuteronomio del 12 al 26 (Código o libro de la ley)	Texto del decálogo Dt 5.6-21	Temas discutidos
Dt 12.1-32	Dt 5.6-10	No adorar a otros dioses ni ídolos
Dt 13.1 -14.27	Dt 5.11	No tomar el nombre de Yavé en vano
Dt 14.28-16.17	Dt 5.12-15	Observar el sábado o sabath
Dt 16.18-18.22	Dt 5.16	Honrar al padre y la madre
Dt 19.1-22.8	Dt 5.17	No matar
Dt 22.9- 23.18	Dt 5.18	No cometer adulterio
Dt 23.19-24.7	Dt 5.19	No robar
Dt 24.8-25.4	Dt 5.20	No dar falso testimonio
Dt 25.5-12	Dt 5.21a	No codiciar la mujer del prójimo
Dt 25.13-16	Dt 5.21b	No codiciar la casa del prójimo

Después de la introducción en 12.1, todo ese capítulo gira, principalmente, sobre el tema de las maneras correctas de adorar a Dios. Manifiesta una preocupación especial en que todo el pueblo adore en un solo lugar —o como es costumbre llamarla, «la centralización del culto». Desde los orígenes de Israel, el pueblo adoraba en diferentes lugares («lugares altos») esparcidos por todo el territorio donde vivían. Eventualmente el lugar escogido para la adoración fue Jerusalén. Así, la destrucción de todos los lugares altos y lugares distantes de Jerusalén era principalmente una medida de control por el temor y desconfianza de que esos lugares estaban influenciados por las culturas de aquellos contextos, contrarias a la de la Torá, que se afirmó en el pacto con Yavé. La adoración en otros lugares distantes de Jerusalén daba oportunidad a que se adoptaran otras prácticas contrarias a los valores de Dios. Así, vemos cómo las recomendaciones de Moisés comienzan por fiscalizar la práctica de la adoración del pueblo. No obstante, las medidas que se ofrecen no se reducen a protegerse de los otros cultos, sino que también van dirigidas a cuidar y cultivar las situaciones sociales donde viven como comunidad. En el caso del versículo 19, ese interés se centra en la situación de vida del levita.

En el capítulo 13 la preocupación de Moisés todavía tiene que ver con el ámbito de la adoración, particularmente, con los mensajes de los líderes, ya sean profetas u otras figuras que asuman un liderato en Israel. La invitación de Moisés es a que sean críticos y analíticos con los mensajes que reciban, no importa de quién vengan. Por ejemplo: «Cuando se levante en medio de ti un profeta o soñador de sueños, y te anuncie una señal o un prodigio, si se cumple la señal o el prodigio que él te anunció, y te dice: ‹Vayamos tras dioses ajenos —que tú no conoces— y sirvámoslos›, no escucharás las palabras de tal profeta ni de tal soñador de sueños, porque Jehová, vuestro Dios, os está probando para saber si amáis a Jehová, vuestro Dios, con todo vuestro corazón y con toda vuestra alma» (Dt 13.1-3). En este capítulo, Moisés admite y presupone que en aquel tiempo se levantaban profetas y soñadores de sueños que invitaban al pueblo a seguir a sus dioses. Sin embargo, su llamado es a que escudriñen y disciernan entre esos falsos dioses y el Dios verdadero.

El contenido de este capítulo también se relaciona con el mensaje de Deuteronomio 12.11-12 y Deuteronomio 15.19-16.17. La santidad de las prácticas del pueblo debe reflejar la unicidad del Dios santo que ellos adoran. Las prácticas sobre la clasificación de los animales entre limpios e inmundos han de señalar la diferencia entre ellos y los pueblos vecinos. No obedecer estas directrices y acciones distintivas en la forma de adorar era no distinguirse de las prácticas de los dioses de la tierra que iban a entrar —las prácticas cananeas. Las instrucciones con relación a los diezmos manifiestan siempre una preocupación por los más vulnerables y por los pobres. Se ha asociado esto con el tema del banquete mesiánico, por cuanto la comunidad es invitada a reunirse con todos los necesitados y han de compartir el diezmo de sus productos con el forastero, el huérfano y la viuda que habiten entre ellos, de tal modo que comerán y se saciarán, para que el Señor les bendiga en todo lo que hagan (14.22-29).

El capítulo 15 trata sobre el año sabático o año de cancelación de deudas (15.1-11), sobre cómo tratar a los esclavos hebreos (15.12-18) y sobre cómo sacrificar los primogénitos (15.19-23). Ya el capítulo 14 nos había anticipado algo sobre el manejo de las posesiones (14.22), y ahora el énfasis de 15.1 está en la cancelación de las deudas al cabo de siete años. Esta medida está dirigida a la protección de los mismos israelitas. El mismo tema se trató en Levítico 25 y en Éxodo 23.10. En Éxodo el interés estaba en dejar la tierra en descanso y no recoger sus cosechas, que han de quedar para el beneficio de los pobres. Aquí, se incluyen la cancelación de las deudas y el prestar a los pobres (15.7-11). El perdón de deudas es una medida que refleja una profunda conciencia social. Igualmente el trato de esclavos (Ex 21.1; Lv 25.39b). Esas disposiciones, tanto en los tiempos bíblicos como en nuestro tiempo, ciertamente enfrentan resistencia y oposición. Las respuestas de los terratenientes y de los que dominan los sistemas financieros y medios de producción destacan siempre lo absurdo e irrealizable de tales medidas. Sin embargo, en nuestros días, cuando los países más poderosos necesitan «salvar» sus sistemas bancarios y los empleos de los altos ejecutivos (que ganan millones de dólares), no se tiene ningún reparo en pedir a los cuerpos legislativos que tomen decisiones drásticas para ayudar a la recuperación de estas instituciones millonarias. ¡Qué ironía y contradicción! ¡Cuán pesimistas somos cuando se trata de medidas para ayudar a solucionar la deuda externa de los países pobres, para lograr la salud mínima de esos pueblos, para responder a los graves problemas del hambre en el mundo, de la educación y de la vida plena de los pobres y de los necesitados, pero cuán optimistas somos cuando se trata de contribuir y salvar los sistemas bancarios de los poderosos! ¡Los criterios de ayuda se cambian tan fácilmente!

El capítulo 16 presta atención a tres de las fiestas principales de Israel que se deben llevar a cabo a través del año: la fiesta de la Pascua (16.1-8), la fiesta de las semanas (16.9-12) y la fiesta de los tabernáculos (16.13-15). El tema de las fiestas se ha discutido ya al hablar de otros libros del Pentateuco, pero aquí se manifiestan unos matices diferentes (Ex. 12.1-28, 43-49; 23.14-19; 34.18-26; Lv 23.1-43; Nm 9.1-14; 28.1-29.39). El capítulo termina con una declaración sobre la administración de la justicia.

La celebración de esas fiestas cumplía una función integradora. Era en el proceso de la celebración que el pueblo repasaba, recordaba y afirmaba su identidad, su historia y su propósito como pueblo. En la sociedad moderna o posmoderna en que vivimos, lamentablemente tenemos la inclinación a estimar la mayor parte de las celebraciones como expresiones del pasado. Reclamamos ser libres para celebrar o no celebrar. La verdad es que la economía del mercado y las grandes empresas por departamentos terminan imponiéndonos lo que vamos a celebrar. No es necesario mencionarlas todas aquí, pero reflexionemos, al menos, en a qué hemos reducido las fiestas de Navidad o Semana Santa. Es interesante que en este capítulo 16 Moisés termine con una declaración sobre la administración de la justicia que, aparentemente, no tendría que ver con el tema. Pero si lo analizamos en su contexto más amplio, la búsqueda de la justicia y las fiestas sagradas debían ir de la mano. La nueva generación no debía divorciar la una de las otras. Hacerlo sería poner en peligro su vida comunitaria. ¿No es esa verdad cierta hoy para nosotros también?

El capítulo anterior (16) culminó con el tema de la administración de la justicia, y el capítulo 17 lo extiende a quienes servirán como testigos y a los reyes en aquel sistema de justicia. Se trata, en general, de quienes fungirán como oficiales públicos o jueces. Estas medidas intentan regular la vida en comunidad, sobre todo, en tiempos de la monarquía. La comunidad israelita se debía distinguir por su justicia. Interesantemente, en Israel, ni siquiera el rey estaba exento de estas disposiciones, así como tampoco ningún otro oficial público, sacerdote o profeta. Desde muy temprano en la historia de Israel, surgió una visión teológica que afirmaba que sólo Yavé era rey. A juzgar por la crítica que se hace en 17.14-20, esa concepción del monarca en Israel se aceptaba con reservas y tenía sus opositores. Los profetas del siglo 8 (por ejemplo: Amós, Isaías, Miqueas y Oseas) estaban en armonía con el mensaje de este capítulo y, ciertamente, sus discursos proféticos de juicio sobre los gobernantes descansaban en los valores aquí expuestos.

El capítulo 18 comienza repasando la condición y las tareas de los levitas como funcionarios que Dios había escogido para cumplir una tarea especial en el Templo. Las medidas que ofrece son instrucciones que vienen a proteger y a perpetuar la función de esos funcionarios en la comunidad. A juzgar por lo que dice en 18.9-22, estas instrucciones eran, también, advertencias contra prácticas que prevalecían en su contexto. La crítica enérgica y severa a los sacrificios de humanos y a la hechicería se expresa en 18.10-11.

Los profetas no estaban excluidos de la corrupción. Entre ellos había de todo: profetas falsos y verdaderos. La actividad profética, aparentemente, se veía amenazada por figuras que no respondían a las enseñanzas y valores de la Torá. Sin embargo, los falsos profetas intentaban aprovecharse del prestigio de la figura del profeta. «El profeta que tenga la presunción de pronunciar en mi nombre una palabra que yo no le haya mandado pronunciar, o que hable en nombre de dioses ajenos, ese profeta morirá» (Dt 18.20). El juicio contra los falsos profetas era de muerte.

En los capítulos del 19 al 25, encontramos una diversidad de preocupaciones que tienen que ver con el desarrollo del ordenamiento jurídico, tanto penal como civil. Todos los especialistas concuerdan (¡lo cual no es común entre los investigadores!) en que los intereses e inquietudes que manifiestan estos textos no reflejan un claro orden u organización temática. Esto implica que llamarlo «sistema», como hacen algunos, es exagerado y no refleja la naturaleza de su contenido. No obstante, sí somos testigos de una organización y nivel de desarrollo que muy bien expresan los valores y la madurez del pueblo en un momento dado.

Sin pretender ni siquiera introducir todos los temas que se discuten en estos capítulos, a continuación ofrecemos una visión panorámica de algunos de ellos. Por ejemplo, el capítulo 19 se ocupa de algunos crímenes y de casos de violencia en la comunidad. En 19.1-13 se discuten las bases para la creación de las ciudades de refugio (también discutidas en Dt 4.41-43; Ex 21.12-14; Nm 35.9-28). Estas instrucciones y leyes pretenden ejercer cierto control contra el ciclo de la violencia que pudiera surgir por motivo de un homicidio involuntario. La segunda parte (19.14-21) procura limitar el error en los juicios y crear medidas para evitar los testimonios falsos.

El capítulo 20 ofrece algunas guías o mandamientos para tiempos de guerra. Este es un tema que nos puede parecer extraño que se discuta en la Biblia. No debemos olvidar que estas instrucciones reflejan la visión cultural de su tiempo, y que ya los textos mismos manifiestan unas transformaciones y desarrollos, si los comparamos con lo que se indica en otros textos más tempranos en el Pentateuco. La primera parte del capítulo (20.1-9) presenta una serie de guías muy particulares —por ejemplo, la invitación inicial es a no desmayar al ver la fortaleza del enemigo, sino descansar en la ayuda del Dios que los sacó de Egipto, quien es, también, el Dios que siempre los acompaña. Vemos que los sacerdotes tienen funciones de animar a los militares a persistir en la batalla. Tristemente, estos ejemplos, tomados aisladamente, son los que han empleado pueblos y grupos a través de la historia para justificar las mal llamadas guerras «santas». En el caso de Deuteronomio, las consideraciones para ir o no ir a la guerra reflejan cierto grado de desarrollo o pensamiento crítico. Por ejemplo, la lista de las personas que están exentas de ir a la batalla es variada. Entre ellas están quienes han edificado una casa nueva, pero no han podido estrenarla, quienes hayan plantado una viña sin haberla disfrutado, quien se haya casado y no haya vivido con la esposa y, finalmente, quien sea miedoso o pusilánime, pues con su actitud contamina a los demás soldados (20.5-8).

La segunda parte del capítulo (20.10-20) explora estrategias para la guerra. Interesantemente, el versículo 10 comienza explorando los posibles acuerdos de paz antes de embarcarse en una guerra contra la ciudad enemiga. Las alternativas presentadas muestran un nivel primario en los procesos de transformación de los conflictos que vemos en otros textos bíblicos. Por ejemplo, si la ciudad no los resiste, el pueblo conquistado será sometido a trabajo forzoso y a esclavitud, pero no a muerte. Por otro lado, si la ciudad resiste se entra en una guerra o lucha que se espera llevará a la victoria.

El capítulo 21 trata sobre algunos asuntos de la vida y la muerte. Este capítulo contiene instrucciones sobre casos de expiación en situaciones de homicidio donde el homicida no se puede encontrar para juzgarlo (21.1-9). También habla sobre los matrimonios con mujeres tomadas como botín de guerra (21.10-14), sobre casos de herencias cuando ha habido una relación de poligamia (21.15-17), casos de hijos rebeldes (21.18-21) y, finalmente, entierros de criminales que han sido ejecutados (21.22-23).

En general, estas tradiciones nos muestran cómo, a través de la historia bíblica, figuras como Moisés y las familias de sacerdotes y escribas que preservaron estas tradiciones enfrentaron una variedad de situaciones y casos diversos, a los que intentaron responder dentro del marco de los principios del Decálogo y de la fidelidad a Yavé, como único Dios (Dt 6.1-25).

El capítulo 22 habla de una serie de relaciones que son aceptables y otras que han de ser reprobadas en la comunidad del pueblo y de la familia de Israel. La heterogeneidad de los temas que encontramos en este bloque de capítulos continúa siendo tan variada como las posibles situaciones en que pudo vivir el pueblo en la nueva tierra. Se hace muy difícil encontrar un elemento común de organización que no sea la variedad y los problemas y conflictos en la vida de todos los humanos. Las comparaciones de esta serie de medidas con las que encontramos en el libro del pacto (Ex 19-24) muestran cómo se han transformado a través de la historia. Las primeras instrucciones tienen que ver con la responsabilidad del israelita cuando se encuentra una propiedad que no es suya (22.1-5). Las restantes son medidas que intentan crear un ambiente de cierta seguridad y confianza entre quienes viven en comunidad (22.6-12). La sección del 22.13-30 gira sobre temas de valores y costumbres culturales en las relaciones de familia y entre hombre y mujer. Estos textos reflejan un entendimiento cultural donde se reflexiona desde la perspectiva del varón y no se toma en cuenta a la mujer. Debemos tener sumo cuidado en cómo hemos de interpretar estos textos. A través de la historia, se han empleado para validar el abuso y opresión contra la mujer.

El capítulo 23 trata algunos temas sobre la exclusión de personas de la asamblea del pueblo. Los primeros ocho versículos tratan sobre quién puede y quién no puede entrar a la asamblea del Señor (23.1-8). La preocupación es obvia: defenderse de prácticas e influencias contrarias a las de la Torá. No obstante, tomadas sin más ni más, pueden cultivar la xenofobia o el miedo a los extranjeros, que ha llevado a la sociedad contemporánea a crear muros y acciones que producen más violencia y abusos que el «mal» que pretenden controlar. Los versículos del 9 al 14 tratan sobre asuntos de limpieza física en el campamento. Los restantes versículos tratan sobre la prostitución religiosa, la prohibición de ofrecer préstamos con interés al israelita y la aprobación de los préstamos con interés a los no israelitas. Al final del capítulo (23.24-25), se autoriza a tomar de la viña y de la mies de otra persona, pero solamente para satisfacer la necesidad.

En el capítulo 24, encontramos una serie de instrucciones sobre el matrimonio y el divorcio, la violencia y la lepra. Pero, también, se prohíbe tomar como garantía de un préstamo lo que le sea necesario a la otra persona para subsistir (24.6), explotar al extranjero o al huérfano (24.17-18) y recoger las cosechas con tanto afán, que no quede nada para los necesitados (24.19-21).

El capítulo 25 trata sobre pleitos entre personas por diversas situaciones. En 25.1-3, se discute el pleito entre dos personas. Luego de adjudicar la culpa, la preocupación mayor está en limitar el castigo corporal. Después, hay una sección sobre los deberes para con las viudas (25.4-10). Este es un tema muy relacionado con la ley del levirato. El resto de las leyes tienen que ver con asuntos tan diversos y extraños, como la intervención de una mujer en las peleas de su marido y la necesidad de tener medidas justas y honestas.

Los estudios en antropología cultural describen a quienes vivían en la antigüedad en esta parte del mundo, como personas orientadas al grupo o la colectividad. Esto es, su identidad, su visión del mundo y sus valores se entienden en función de los valores del grupo. En la época contemporánea, en principio, nuestra identidad está en función del individuo. Además, en la antigüedad miraban la vida con pocos matices, como si todo fuera blanco o negro.

Este capítulo 26 termina la larga sección de instrucciones y leyes del Deuteronomio (12-26). Presenta dos liturgias o ritos de acción de gracias que el pueblo deberá ofrecer. La primera es un rito para la presentación de los primeros frutos que se obtengan de la tierra (26.1-11). El segundo es otro ritual para la presentación del diezmo de los frutos que se obtengan al tercer año de poseer la tierra, para darlo al levita, al extranjero, al huérfano y a la viuda, de modo que puedan comer hasta saciarse (26.12-15). La última sección, los versículos 16-19, es un reto que Moisés le presenta al pueblo.

E. Bendiciones y maldiciones (27-28)

Estos dos capítulos concluyen el segundo discurso de Moisés y enfatizan la seriedad del pacto entre Israel y Dios. Después de que Moisés expone las instrucciones ante el pueblo, este no puede permanecer neutral o pasivo ante ellas. Ahora viene el reto ético: pueden vivir por ellas o negarlas, pero no hay posiciones neutrales o paños tibios. En 27.1-10, se establece la ceremonia del pacto en Siquem y una serie de prohibiciones a los levitas (27.11-26), seguidas por ciertas bendiciones (28.1-14) y maldiciones (28.15-68). Estas no son otra cosa que las consecuencias de seguir el pacto o de rechazarlo. Esta sección, que nos puede parecer inapropiada, era una parte común en los pactos antiguos. El desequilibrio entre la cantidad de bendiciones y de maldiciones era común, también, en los códigos de Babilonia de aquella época. Aún hoy, los contratos legales expresan las consecuencias (negativas o positivas) si las partes en el contrato cumplen o no cumplen sus responsabilidades.

F. Tercer discurso de Moisés (29-32)

Estos cuatro capítulos constituyen el tercer discurso de Moisés. Este es el más breve de los tres discursos en que está dividido el libro. La localización del tercer discurso es Moab (29.1), y se sitúa después del primer pacto en el monte Horeb o Sinaí. Los estudiosos destacan que las diferencias entre el primer y el segundo pacto radica, más bien, en la forma como Moisés se va separando del liderato (29.5). Las comparaciones de la estructura literaria de este pacto con las estructuras de otros pactos reflejan la siguiente forma: contexto del pacto (29.1), prólogo histórico (29.2-9), partes pactantes (29.10-15), estipulaciones básicas (29.16-19), maldiciones (29.20-28), mensaje de arrepentimiento y restauración (29.29-30.14) y el sello del pacto (30.15-20).

El liderato de Moisés ha llegado a su culminación (31-32). Ahora, el pueblo pasará a otra etapa de su vida comunitaria. Tendrán que asumir sus decisiones y responsabilidades sin la ayuda de Moisés. Presenciamos el primer relevo generacional en la historia del liderato de Israel. Los capítulos 31 y 32 trabajarán preguntas tales como: ¿Quién sustituirá a Moisés? ¿A través de quién continuará recibiendo Israel la dirección divina? Esto ya se había anticipado en 1.38 y 3.28, y el sucesor de Moisés será Josué. El Salmo 127.1 refleja la incertidumbre que podría experimentar el pueblo ante tal situación, pero también la responde: «Si Jehová no edifica la casa, en vano trabajan los que la edifican; si Jehová no guarda la ciudad, en vano vela la guardia». El pueblo deberá empezar a caminar como adulto, asumiendo sus responsabilidades, pero Dios nunca lo dejará solo. Estos capítulos también son ejemplos hoy, para que los líderes aprendan a separarse de sus posiciones y responsabilidades: «Luego Jehová dijo a Moisés: ‹Mira, se ha acercado el día de tu muerte. Llama a Josué y esperad en el Tabernáculo de reunión para que yo le dé mis órdenes›. Fueron, pues, Moisés y Josué, y esperaron en el Tabernáculo de reunión» (31.14-15, 23).

El capítulo 32 se conoce como el cántico o poema de Moisés, pues su contenido representa una alabanza a la grandeza de Dios. El cántico contiene un recuento de los cuidados de Dios con Israel, identifica las respuestas idolátricas y las rebeliones de Israel, reafirma que Dios hará juicio sobre la corrupción de sus enemigos, y concluye afirmando que Dios restaurará y restablecerá a sus siervos. La sección final no sigue la línea del cántico. Presenta la invitación que Dios le hace a Moisés para que suba al monte Nebo y vea la tierra prometida. Finalmente, Dios le recuerda que allí va a morir.

G. Muerte de Moisés (33-34)

El tercer discurso culmina relatando la muerte de Moisés. Antes, Moisés ofrece una oración de bendición a los israelitas (33.1-29). En esta bendición, que también se considera un poema, Moisés identifica las tribus una por una y expresa su deseo de bien para cada una de ellas. La despedida del líder que no pudo entrar a la tierra manifiesta gran paz y gratitud. En ese momento crucial de su vida, Moisés no piensa en sí mismo, sino en la comunidad que está llamada a continuar el peregrinaje con Dios. El capítulo 34 tiene la despedida final y la muerte de Moisés. El relato presenta a Moisés subiendo al Monte Nebo. Allí, Dios le muestra una visión de toda la tierra que les ha prometido a los antepasados. Moisés tenía ciento veinte años cuando murió, dice el texto, y mantenía el mismo vigor en sus ojos. El pueblo lloró su muerte y reconoció que nunca antes se había levantado un profeta como él en Israel. Después, el pueblo guardó un luto de treinta días.

Aunque los últimos dos capítulos son, ciertamente, la conclusión de un período de la vida del pueblo y del liderato de Moisés, representan también la transición a una nueva etapa en la vida del pueblo, que ahora tendrá lugar en la tierra prometida y bajo un nuevo líder, Josué. Todo lo que sigue desde el libro de Josué hasta 1 y 2 de Reyes no se podría entender sin la introducción que presenta el libro de Deuteronomio. Este nuevo comienzo manifiesta una actitud de expectativa sobre lo que ocurrirá, provoca muchas preguntas que sólo quienes hoy conocemos el resto de la historia podemos contestar. A pesar de las rebeliones e infidelidades del pueblo, la promesa de Dios permanecerá inalterada. En determinados momentos el pueblo cosechará las consecuencias de sus pecados. Pero el juicio no será la última palabra de Dios para Israel, sino la gracia. Por último, hay que reafirmar que el mismo Dios creador, liberador y sustentador ha estado con toda su creación (incluyendo a Israel) desde los orígenes del mundo, y continuará estando con ella hasta la plenitud de los tiempos.

Bibliografía selecta

Andinach, Pablo R. *El libro del Éxodo* (Salamanca: Ediciones Sígueme, 2006).

Artús, O. *Aproximación actual al Pentateuco* Cuadernos 106. (Estrella, España: Verbo Divino, 2001).

Blenkinsopp, Joseph. *El Pentateuco: introducción a los primeros cinco libros de la Biblia* (Estrella, España: Verbo Divino, 1999; original inglés, 1992).

Croatto, José Severino. «Éxodo 1-15: algunas claves literarias y teológicas para entender el Pentateuco», en *Estudios Bíblicos* 52 (1994) 167-194.

García López, Félix. *El Pentateuco: introducción a la lectura de los cinco primeros libros de la Biblia* (Estrella, España: Verbo Divino, 2004).

Pixley, Jorge V. *Éxodo: una lectura evangélica y popular* (México: Casa Unida de Publicaciones, 1983).

Sánchez Cetina, Edesio. *Deuteronomio. Comentario Bíblico Iberoamericano* (Buenos Aires: Ediciones Kairós, 2002).

Sicre Díaz, José Luis. *El Pentateuco: introducción y textos selectos* (Buenos Aires: San Benito, 2004).

Ska, J. L. *Introducción a la lectura del Pentateuco*. Claves para la interpretación de los cinco primeros libros de la Biblia. (Estrella, España: Verbo Divino, 2001; original italiano, 1998).

Voth, Esteban, *Génesis: primera parte. Comentario Bíblico Hispanoamericano* (Miami, Florida: Editorial Caribe, Inc. 1992).